PROPOS DE TABLE

DE

VICTOR HUGO

OUVRAGES DU MÊME AUTEUR

PARIS A L'EAU-FORTE, avec divers collaborateurs. Onze volumes (Épuisés).

VOYAGE AUTOUR DE MA MAITRESSE (Calmann Lévy, éditeur).

LA FEMME IMPOSSIBLE (E. Dentu, éditeur).

LA DIVINE AVENTURE, avec Catulle Mendès (E. Dentu, éditeur).

LE DERNIER SCAPIN (Charavay frères, éditeurs).

LES SONGES DROLATIQUES DE PANTAGRUEL (Libr. de l'Eau-forte).

CONTES BLEUS ET ROSES, illustrés par Cruyskand (Épuisés).

LA MILLE ET DEUXIÈME NUIT, avec André Gill (Épuisé).

LES CONTES D'HAMILTON. 4 volumes, avec Hamilton (Épuisé).

THÉATRE :

BUG JARGAL, d'après Victor Hugo, avec Pierre Elzéar (Barbré, éditeur).

LA FEMME SAUVAGE, avec Charles Monselet (Épuisé).

LES TROIS GENDARMES, avec Charles Monselet (Épuisé).

PROPOS DE TABLE

DE

VICTOR HUGO

RECUEILLIS

PAR RICHARD LESCLIDE

QUATRIÈME ÉDITION

PARIS

E. DENTU, ÉDITEUR

LIBRAIRE DE LA SOCIÉTÉ DES GENS DE LETTRES

PALAIS-ROYAL, 15-17-19, GALERIE D'ORLÉANS

1885

(Droits de traduction et de reproduction réservés.)

M. Richard Lesclide a été, pendant bien des années, l'ami, le secrétaire, l'hôte quotidien de Celui qui n'est plus. Chaque soir, il notait respectueusement et fidèlement — imitant ainsi la ferveur des disciples de Martin Luther — les moindres événements de la vie intime de l'illustre poète. Il n'a rien omis de ce qui a été dit à la table hospitalière du Maître par tant de personnalités illustres ou singulières, et par le Maître lui-même. De là un volumineux recueil de notes qui forment aujourd'hui un document infiniment précieux, tout à fait incomparable au double point de vue de l'exactitude et du pittoresque. Le livre que nous offrons au public est le complément indispensable des Œuvres de Victor Hugo; après le poète, voici l'homme.

L'Éditeur.

LES ENFANTS

C'était en 1872. Par un concours fâcheux de circonstances, je n'avais pas vu Victor Hugo depuis son retour de Guernesey ; je le savais à Paris, mais occupé d'un grand ouvrage, et j'hésitais à l'aller voir. Les choses obligeantes qu'il m'avait dites dans ses lettres ne suffisaient pas à m'enhardir; j'avais comme un scrupule de détourner à mon profit un temps qui me semblait appartenir à tous; c'était voler le monde. Ces idées, jointes à une certaine timidité, m'empêchaient d'aller frapper à sa porte, lorsque le hasard me le fit rencontrer.

Je passais sur le Pont-Neuf; je vis, arrêté contre le parapet, un homme qui regardait couler l'eau d'un air distrait. C'était Hugo. Je m'arrêtai, je me sentis curieux de savoir où irait le poète. Il reprit sa route machinalement et arriva au quai de l'École, du côté de la *Samaritaine*. Il était évidemment irrésolu. C'était, comme je l'ai su depuis, une des premières promenades qu'il faisait depuis son retour à Paris. Il aspirait l'air de la ville, se laissait coudoyer par les passants; ce flâneur grandiose reprenait possession de cette ville à laquelle il a bâti la plus belle des cathédrales. Il prit à gauche, par le quai, et se dirigea vers le Louvre.

Je le suivais, sans idée précise, le cœur me battant un peu, résistant à l'envie de lui serrer les mains, et me disant que j'allais peut-être me jeter au travers d'une de ses pages. Je savais que Hugo composait souvent ainsi, allant à l'aventure, à moins qu'il ne prît pour Pégase une impériale d'omnibus. Mon Dieu, oui ! un Pégase à trois sous et qui ne va pas cependant plus mal qu'un autre. Il semble que l'inspiration se développe chez le poète au contact de l'élément populaire. Il rêve à l'œuvre commencée; elle se grave lentement, silencieusement, dans sa mémoire; et, rentré chez lui, il écrit ce que sa mémoire lui dicte. — Voilà du moins ce qu'on racontait, car je n'avais pas encore reçu de confidences directes à ce sujet.

Cependant Hugo entra dans la cour du Louvre, du même pas lent et indécis. Il s'arrêta vers le point central et se prit à regarder la vieille façade. J'étais à quelque distance en arrière et commençais à être embarrassé de mon personnage.. Il y avait longtemps que je ne l'avais vu ; il pouvait ne pas me reconnaître ; j'avais des velléités de lui sauter au cou et de l'embrasser avant de lui dire mon nom. Ce projet fermentait dans ma tête ; je finis par le regarder comme une chose toute naturelle et qui me serait aisément pardonnée. Sur ces entrefaites, Hugo se retourna tout à fait vers moi. L'histoire de Javert me revint en tête ; je me sauvai comme un voleur, et c'est tout au plus si je ne me jetai pas dans la Seine.

Hugo eut plus tard la bonté d'excuser cet espionnage étrange, dont je m'accusai sincèrement. Pour me relever de mon indignité, il m'invita à passer la soirée dans sa maison avec l'aqua-fortiste Frédéric Régamey, qui désirait lui être présenté.

Nous fûmes d'une exactitude parfaite ; le mardi suivant, à sept heures de relevée, nous arrivions chez le Maître. Il était absent... On nous fait entrer dans un petit cabinet meublé de fauteuils et de divans, et l'on nous prie d'attendre.

Je commençais à m'attrister, car la conversation d'un aqua-fortiste n'est pas d'une ressource énorme, quand la porte s'entr'ouvre et donne passage à un petit visage rose, éclairé de deux grands yeux brillants. Nous retenons notre respiration pour ne pas effaroucher l'oiseau, et j'avance doucement vers la porte... — Pan ! elle se referme, et voici mon aqua-fortiste qui me dit avec un grand sang-froid :

— Il n'est pas possible que ce soit là Victor Hugo.

Je rectifie ses idées et me glisse derrière la porte qui bâille une seconde fois ; là, j'attrape à la volée un baby de quatre ans, à faire mourir de jalousie toutes les mères de France et de Navarre.

— Laissez-moi ! dit-elle... Maman !

— Un instant, mademoiselle. Dites-moi votre nom, et je vous laisserai peut-être.

— Jeanne.

— A la bonne heure. C'est un joli nom. Et comment s'appelle votre grand-père ?

— Papapa.

— Me voilà fixé sur votre compte. Eh bien ! je vais vous laisser aller, si vous me promettez de revenir.

— Oui, je te le promets.

— Puisque vous me tutoyez, il me semble que je peux vous embrasser un peu.

— Non !

La fillette se sauve et rentre un moment plus tard tirant son frère après elle, un beau petit garçon, son ainé, qui a trouvé dans son berceau une couronne qu'il serait difficile de lui ôter, le nom de son grand-père.

Nous organisons immédiatement une chasse à courre. Frédéric accepte le rôle du monstre et se met à quatre pattes pour revenir sur les chasseurs. Les bébés grimpent sur mes épaules ; je fais des prodiges de valeur pour les sauver.

On monte sur les fauteuils ; on casse un peu les meubles ; le jeu s'anime, et l'on arrive à un tel effet de tapage que la bonne survient, épouvantée. A l'aspect d'un monstre en habit noir et en cravate blanche qui pousse de formidables « hou ! hou ! », et de la barricade que j'ai élevée avec le divan, les chaises et le bureau, elle se demande quels étranges visiteurs elle a introduits dans la maison. Nous sommes un peu décontenancés, mais Jeanne va fermer la porte, ce qui rend au monstre son audace ; le voilà qui se met à dévorer les enfants qu'il attrape. C'est au milieu d'un redoublement de vacarme que la sonnette retentit. Quand Victor Hugo apparaît dans le petit cabinet, il nous trouve convenablement assis, mais rouges, essoufflés, et la cravate blanche passablement chiffonnée.

Le grand-père nous excusa. Nous eûmes l'honneur d'entrer pour la première fois dans cet intérieur charmant et paisible, où l'on oublie qu'on est avec le plus grand des poètes, tant il ressemble au meilleur des hommes. Au bout de cinq minutes, nous étions rassurés, surtout en reconnaissant autour de la table quelques visages amis, quelques talents aimés, toute une famille littéraire. On ne se souvient qu'on est avec Victor Hugo que lorsqu'il parle. Il est difficile alors de ne pas rester sous le charme de sa parole facile, simple, colorée pourtant, et si ardemment enthousiaste dans les moments d'animation.

Mais on arrivait au dessert, et Mlle Jeanne a des droits imprescriptibles. D'abord, son premier droit, c'est d'être assise auprès du grand-père, et le second, c'est de le gouverner à sa fantaisie. Elle se plaisait, ce soir-là, à lui voir placer un verre sur une carafe, une fourchette au-dessus, et plus haut encore, pour couronner l'édifice, une superbe cocotte, — sans allusion politique d'ailleurs. L'enfant battait des mains, et son rire résonnait comme une clochette d'argent. Il y avait dans cette gaieté enfantine quelque chose de si communicatif qu'on ne pouvait guère s'occuper d'autre chose. Et nous voilà tous à regarder comment un poète lyrique réussit les équilibres.

Je vous assure qu'il faut un grand sérieux et une certaine contention d'esprit pour élever un édifice avec des éléments aussi disparates. Je ne sais si la charpente d'un drame offre de plus hautes difficultés. La tour de Pise se comprend encore; elle va de travers, on le sait, mais elle est construite avec de tels matériaux que sa solidité n'est qu'un problème relatif. L'élévation d'une colonne de cristal entraîne bien d'autres dangers, sans compter que si elle s'abat, on a peu de chance de pouvoir la reboulonner. Le succès fut complet ; *Hernani*, à sa première représentation, ne s'éleva pas plus haut que cette pyramide. L'enfant, charmée, en oublia un jeune « porc » qui se promenait innocemment sur la table, et qui avait fait d'abord ses délices. Ce porc, il faut le dire, était une création de Frédéric Régamey, qui les réussit admirablement au moyen d'un citron et de quatre allumettes.

La soirée cependant s'avançait. Quelques poètes de la nouvelle pléiade entraient dans le salon. Des discussions artistiques s'engageaient çà et là, et le Maître s'y mêlait en simple causeur, entraînant souvent la balance sous le poids de sa parole profondément logique.

De temps en temps le silence s'établissait naturellement autour de lui. C'était lorsqu'il lui venait aux lèvres une anecdote ou quelque souvenir d'exil...

Un autre jour, — je serai plus bavard encore. Je dirai les propos de table de Victor Hugo, qui me paraissent autrement intéressants que ceux de Martin Luther...

※
※ ※

C'est pour les enfants que Victor Hugo se plaît à organiser des fêtes et des loteries dont il règle les détails avec complaisance. La fête de l'arbre de Noël, qui précéda son voyage à Guernesey, en 1877, a laissé des souvenirs dans bien des mémoires. Tout un peuple d'enfants enrubannés, empanachés, remplissait les salons de la rue de Clichy. Les joujoux étaient disposés avec un art savant, et le goût de Mme Alice Lockroy ajoutait aux prodigalités du grand-père. L'arbre de Noël avait la tête en bas et servait de lustre à l'appartement. Des deux côtés de cet éblouissement de lumières et de verdures, deux tribunes avaient été disposées, garnies de bonshommes et de belles dames en carton. D'un côté, on lisait : CHAMBRE DES POUPÉES ; de l'autre, SÉNAT DES PORRICHINELS. Car Pulcinella est bien plus amusant quand il prend deux R.

Les poupées étaient fort correctes et faisaient des yeux d'émail à des polichinelles un peu débraillés, qui se tinrent pourtant fort bien pendant le discours d'ouverture de M. Victor Hugo. Le poète apportait devant ces deux corps respectables une question d'amnistie. Il s'agissait d'une troupe de bandits, de voleurs, qui ne respectaient rien et se jouaient des choses les plus sacrées. On s'était emparé de certains dévastateurs, qui étaient des moineaux, et on voulait savoir si on les mettrait à la casserole ou si on leur donnerait la volée. Les deux Chambres, réunies en congrès, étaient fort perplexes. La question sociale montra le bout de l'oreille. Il fut établi que si les pierrots pillaient un peu la propriété des autres, c'était pour se faire des nids et ne pas mourir de faim. Les poupées s'attendrirent; les polichinelles firent couic; un pantin, remplissant les fonctions d'avocat, fit des gestes désordonnés qui enlevèrent le vote. On lâcha les pierrots qui partirent comme des flèches, et l'on pilla les deux Chambres. Tant le mauvais exemple a de pouvoir!

*
* *

L'amour du poète pour les enfants se manifeste par ses tendresses infinies pour Georges, et pour la petite Jeanne, dont il aurait fait une enfant gâtée, si elle n'avait le meilleur naturel du monde. Il ne se contente pas de jouer avec ses bébés, il les taquine et les pousse quelquefois à la révolte. Il a inventé un jeu de cerises qui consiste à avoir l'air de les partager intégralement et à s'en adjuger double part. Une pour moi, une pour toi,

une pour moi, suit une pause; puis on recommence : une pour moi, une pour toi, une pour moi !
— Et ainsi de suite. Ce n'est qu'au bout d'un moment que l'enfant se rend compte de l'injustice de ce partage et proteste avec emportement.

*
* *

Un jour, à la rentrée du grand-père en France, les voyageurs se trouvèrent en contact avec l'uniforme étranger.

Victor Hugo avait voulu passer par Thionville, place que son père avait défendue sous le premier Empire et qu'un siège de deux ans n'avait pu réduire.

Thionville était en ruines; le poète se promenait mélancoliquement par les rues dévastées. Il avait voulu revoir la maison habitée autrefois par son père; elle avait croulé sous les bombes prussiennes; les souvenirs d'autrefois étaient ensevelis sous les décombres.

— Ah ! si votre père avait vu cela ! dit le maire qui l'accompagnait dans ce douloureux pèlerinage.

— Il ne l'aurait pas vu, répondit Victor Hugo.

※
※ ※

La famille du Maître était restée à l'hôtel. Mon ami Georges, alors âgé de quatre ans, se promenait dans le jardin, un peu attristé de toutes ces ruines et de la figure attristée de ceux qu'il aimait. Passe un militaire allemand en grand uniforme. Il sourit à la vue de ce bel enfant et s'avance vers lui.

— Voulez-vous me donner la main, mon petit ami?

— Non! répond Georges en cachant ses mains derrière lui.

L'officier se renseigna auprès des gens de la maison qui lui dirent :

— C'est le petit-fils de Victor Hugo.

— Ah! fit-il en s'éloignant; je comprends.

※
※ ※

Le Maître adore sa petite-fille, et, lorsque ce n'est pas Mme Drouet qui nous rapporte ses « mots d'enfant », il s'en charge volontiers.

— Quand aurai-je la poupée que tu me promets? demandait Jeanne à une dame de notre connaissance, peu après les étrennes.

— Mais, répondit la dame, au jour de l'an prochain ; c'est l'époque où naissent les poupées.

— Je t'assure, répondit Jeanne, qu'il n'y a pas besoin d'attendre si longtemps. Elles naissent très bien à Pâques ; il y a des œufs qui en sont pleins.

*
* *

Il s'est passé une assez jolie histoire à ce renouveau. Victor Hugo a donné carte blanche à ses enfants pour arranger et fleurir le jardin de sa nouvelle maison. Le jardinier a très bien fait les choses et a apporté un compte fort élevé, quinze cents francs, je crois.

Quinze cents francs de roses ! Le Maître a trouvé cela cher, mais, loin de faire aucun reproche à cet égard, il a demandé seulement qu'il lui fût permis, de son côté, de donner quinze cents francs aux pauvres.

— Chacun prend son plaisir où il le trouve, a-t-il dit à ses enfants, et vous ne trouverez pas mauvais que je dépense en charités ce que vous dépensez en jardinage.

— Ah ! papapa ! se sont écriés les enfants, tu peux compter alors qu'au prochain trimestre le compte du jardinier sera double !

***

Voici une expérience fort intéressante à faire, nous dit Victor Hugo, un jour que nous dinions en petit comité. Il faut, pour y réussir, avoir de petits enfants sous la main, de tout petits enfants. Plus ils seront petits, mieux cela vaudra. Il suffit qu'ils puissent marcher.

Lorsque vous avez les enfants et que vous savez où les trouver, vous achetez une poupée et un polichinelle d'une aimable figure. Vous les placez dans les poches de derrière de votre redingote, mais gardez-vous de le faire sans art et de les y jeter la tête en bas ! Que le polichinelle, avec son air effronté, passe la tête à la fenêtre, agitant ses bras ballants vers la poupée interdite de ces avances. Elle, elle se tiendra dans la poche à côté, les yeux grands ouverts, les bras en avant, fort émue d'un pareil voisinage. Tous deux auront l'air de fantoches jouant une scène de comédie dans un théâtre de marionnettes. C'est le prologue.

Vous rentrez chez vous, après cette mise en scène, et vous rencontrez dans votre salon des académiciens et des hommes politiques qui viennent vous consulter sur une question brûlante. On vous attendait pour la mettre sur le tapis. La voilà sur le tapis. Attention !

Les enfants sont venus vous embrasser, avec une parfaite innocence. Puis ils se sont retirés dans un coin de l'appartement, ayant des communications particulières à faire au chat de la maison.

Pendant ce temps, la discussion des hommes sérieux s'anime ; il se dit de part et d'autre de fort belles choses. Vous prenez l'allure promenante de ces esprits inquiets dont le mouvement augmente la lucidité. Vous allez et venez, en passant, sans avoir l'air de le faire exprès, devant les enfants qui depuis un moment ont levé la tête. Ils ont eu l'instinct, le flair, le pressentiment qu'il allait se passer quelque chose. Ils se sont regardés, interrompant leur dînette, abandonnant le chat à ses réflexions. C'est avec une espèce de sourire craintif que le petit doigt de l'un s'est levé, indiquant à l'autre la découverte qu'il vient de faire. Vous aviez le dos tourné vers eux. Le polichinelle, ébranlé par votre logique, s'inclinait vers la poupée, qui ne savait que penser de ses déclarations. Cependant les enfants comprennent qu'ils ne font pas un rêve. Il faut voir ce que c'est. Comment ces étrangers descendus du ciel sont-ils venus se loger dans les poches de leur grand-père ? Et comment ne pensent-ils pas à leur présenter leurs devoirs ? Il n'y a donc plus de politesse ! Et lentement, doucement, à quatre pattes d'abord, puis sur leurs pieds, les bébés enhardis se sont avancés. Ils suivent l'orateur, interdits, souriants, cherchant à se rapprocher du petit monde qui les charme.

La conférence s'anime, et vous parcourez le salon à grands pas; agitant d'autant les personnages qui vous habitent!

Les enfants, de plus en plus intéressés, et décidés à suivre cette aventure, emboîtent le pas, et passent, pour vous rattraper, entre les jambes des hommes politiques. De mauvais esprits demandent à quelle heure on les couche. Vous n'en tenez aucun compte et foudroyez votre adversaire de vos arguments avec une telle violence, que la poupée tombe dans les bras du polichinelle. Vous triomphez des résistances parlementaires, avec des agitations qui heurtent à des encoignures perverses les têtes de vos pantins. Les enfants sont inquiets; l'intérêt de l'action atteint son paroxysme; le jeu des acteurs devient si vif qu'il touche à la culbute, et les babys, qui les protègent et qui les aiment d'avance, se jettent au travers de la discussion, en s'écriant :

— Papapa! la poupée!
— Papapa! le polichinelle!

Ah! comme cela vous porte tort auprès des gens sérieux! Mais on s'amuse bien plus qu'à la tribune.

⁎⁎⁎

— Mademoiselle Jeanne, a dit Vacquerie d'un ton grave, tu sais que tu as une note à toucher au *Rappel*.

— Quelle note ?

— Trois francs soixante-quinze, pour tes mots de la semaine.

Jeanne hésite, et se retourne vers son grand-père.

— Papapa, c'est-il vrai ?

— Comment, répond le poète, tu écris dans les journaux ! et sans m'en prévenir !

⁎⁎⁎

Il y avait une fois un grand-père qui aimait passionnément sa petite-fille, et une petite-fille qui n'aimait guère moins son grand-père. Ils coulaient des jours heureux à la promenade, à table et dans la chambre de récréation ; ils auraient été parfaitement contents, si un loup ne s'était glissé dans leur bergerie.

Ce loup, — il faut rendre justice même à ses ennemis, — consistait en une maman la plus belle du monde, si belle qu'elle charmait invinciblement tous ceux qui l'approchaient, sans se donner aucune peine pour cela. C'était l'effet d'un talisman, sur lequel il n'y a pas d'explications à fournir, mais qui lui avait été donné par une fée et qu'elle portait dans ses yeux.

Rien de plus dangereux qu'une maman pareille, parce que, alors même qu'elle gronde et qu'elle est terrible, on ne peut s'empêcher de l'aimer, et qu'on l'embrasse quand elle punit, ce qui ne peut que l'encourager dans ses sévérités et en faire un tyran déplorablement obstiné.

Il est vrai que la petite-fille avait elle-même la tête près du bonnet et des inclinations révolutionnaires, qu'elle tenait de son grand-père sans doute. Si bien qu'un jour qu'elle avait été d'une haute inconvenance avec l'alphabet, les sourcils de la maman se froncèrent au-dessus de ses beaux yeux, ce qui fit comprendre à la petite fille qu'elle était privée de dessert.

Cet acte d'autorité me paraît énorme, surtout dans la saison des pêches et des abricots ; si j'avais été la petite fille, je me serais précipité aux pieds de ma jolie mère, et je lui aurais tant embrassé les mains, les bras et les joues, qu'elle se serait peut-être laissé attendrir. Mais je ne suis pas la petite fille, et je m'en suis toujours affligé.

Le grand-père reçut le coup avec un grand stoïcisme et déclara que, puisque la fillette ne prenait pas de dessert, il n'en prendrait pas non plus. Cela lui coûtait, parce qu'il y avait sur la table un grand coquin de fromage qui empestait horriblement et qu'il aimait beaucoup.

La chose se passa fort bien cette première fois, ou plutôt fort mal ; mais les deux déshérités firent bonne contenance en songeant au lendemain.

Hélas ! nul n'est sûr de l'avenir ; la grosse main de Dieu, qui tient les destinées des empires, tient aussi les destinées du lendemain, et ne voulut pas les lâcher. Cette détestable querelle de la petite fille et de l'alphabet se prolongea trois jours ; comme ni l'un ni l'autre ne voulaient céder, la maman maintint son arrêt... Avoir du dessert ou n'en pas avoir, c'est la question.

Cependant, le troisième jour, comme la fillette s'était endormie de bonne heure, et qu'on l'avait emportée de table au moment fatal, la maman s'émut. Nous sommes bien aise de constater qu'elle n'avait pas un cœur de roche, malgré l'apparence contraire. Elle s'approcha du grand-père et lui dit doucement :

— Père, maintenant que l'enfant est couchée, pourquoi ne mangeriez-vous pas du dessert avec nous ?

— Non, dit le grand-père, je n'en mangerai pas.

On ne doit jamais manquer à sa parole, même
quand on la donne à sa petite-fille...

*
* *

L'autre jour — je ne sais plus la date —
Mlle Jeanne et son frère s'amusaient bruyamment
dans le grand salon rouge de la rue de Clichy,
avec l'effusion naturelle à leur âge. Ce n'étaient
que piétinements, cris d'oiseaux, cabrioles com-
promettantes et courses au clocher. On avait en-
gagé le chat Gavroche pour un steeple-chase,
mais Gavroche, qui est pacifique et sérieux, s'était
récusé. Son amie Jeanne l'avait alors rapporté au
giron maternel, en lui signifiant son congé.
« Toi, reste avec tes parents !... » Après quoi, elle
s'était emparée de son grand-père et lui avait expliqué ses intentions. Et le grand-père avait mis
sa gloire à quatre pattes.

La petite fille reçut le lendemain les vers sui-
vants :

L'autre soir, en jouant avec votre grand-père
Dans l'antre où ce buveur de sang fait son repaire,
Vous lui fîtes porter le plus doux des fardeaux,
O Jeanne ! et je vous vis lui monter sur le dos.

Résigné, comme on dit, que le fut Henri Quatre,
Ou jugeant inutile et vain de se débattre,
Papapa sous le joug se courba doucement,
Et sur l'épais tapis marcha docilement.

Sans être un grand devin, je puis, mademoiselle,
Dévoiler l'avenir en partie à vos yeux :
Avant qu'il soit longtemps, vous serez grande et belle,
Et fière de porter votre nom glorieux ;

Vous tiendrez d'une mère une grâce infinie ;
Votre sang doit vous faire un esprit sans rival ;
Vous aurez la beauté, — peut-être le génie...
Mais vous n'aurez jamais un semblable cheval.

*
* *

On a donné à Georges une de ces presses nouvelles, avec lesquelles on peut tirer dix mille copies d'une écriture quelconque. Ces copies, il est vrai, sont violettes, diffuses et assez désagréables à voir. Mais l'appareil n'en est pas moins ingénieux, et Victor Hugo s'en est laissé vanter les mérites.

Que pourrait-on bien faire de cette machine-là ? Précisément les enfants étaient en nombre; une amie de Mlle Jeanne fut appelée au conseil. On ne m'y admit pas. J'avais commis je ne sais quelle énormité, et l'on m'avait laissé dans un coin, comme un vieux vilain que j'étais.

Le conseil décida à l'unanimité qu'il fallait faire un journal, et le grand-père approuva cette excellente idée. Le titre du journal fut longuement débattu ; il resta vingt noms sur le carreau, et l'on s'arrêta à celui des *Trois Républicains*. Cela disait tout et donnait satisfaction aux opinions des familles, car le troisième fondateur de la feuille était la fille d'un député radical, une fillette de dix ans, qui ressemblait passablement à une grande fleur. Pour le mal que je veux aux journaux, je leur souhaite beaucoup de rédacteurs semblables. Il fut convenu entre elle, Georges et Jeanne, que les trois propriétaires du journal vivraient sur un pied d'égalité complète et d'accord parfait.

Victor Hugo s'abonna séance tenante. On partit d'ailleurs de ce principe, que les parents étaient tous abonnés naturellement, ou du moins qu'ils payeraient tous leur abonnement, ce qui revient au même.

Le journal parut; il eut un beau succès. On y trouvait des nouvelles de la pluie et du beau temps, des promenades faites et à faire, des visites des amis de la maison; le chat Gavroche y était stigmatisé pour avoir griffé l'un des rédacteurs; enfin la feuille parut intéressante, et malgré le serment qu'il a fait de ne pas écrire dans les journaux, Victor Hugo promit de donner quelque chose aux *Trois Républicains*.

Malheureusement on ne fit point assez de publicité. J'étais un des abonnés de la première heure, ce qui m'avait valu l'indulgence du comité, et comme j'avais oublié de payer mon abonnement et que le journal était bien long à écrire, on se décida à me demander ma collaboration.

J'étais bien sûr qu'on viendrait me chercher dans mon coin. Je débutai par un article à sensation dont je me souviens encore.

« Les *Trois Républicains*, disais-je, m'ont fait l'honneur de me demander ma collaboration. C'est avec une grande joie que je vais me mêler à la pléiade d'esprits distingués qui dirigent ce rare journal. Il est certain que cette feuille est la première de toutes, et que les autres journaux ne lui vont pas à la cheville. Voilà mon opinion, et ceux qui ne sont pas contents n'ont qu'à le dire.

« On me charge de la partie artistique et dramatique des *Trois Républicains*. J'accepte et dois à mes lecteurs une profession de foi sincère. Je serai d'une impartialité absolue, mais ne dirai du bien que des dames qui m'embrasseront et des messieurs qui me donneront quelque chose. J'éreinterai les autres. Et voilà.

« R. L. »

Victor Hugo trouva mon article fort bien, mais un peu hardi.

— On voit bien que vous ne faites pas de journalisme, lui dis-je.

Mes directeurs furent d'un avis absolument opposé.

— J'étais sûre qu'il écrirait des bêtises, dit M{he} Jeanne.

Ce mot me froissa, et dans le numéro suivant, je donnai ma démission. Elle suivait un alinéa, dans lequel la direction déclarait se priver de mes services. J'écrivis avec une grande dignité :

« On voit de quelle façon ignominieuse les *Trois Républicains* viennent de me flanquer à la porte. Je m'y attendais. Voilà ce qu'on gagne à dire la vérité, rien que la vérité. C'est bon. Je m'en vais.

« Qu'il me soit permis d'adresser mes adieux aux lecteurs de cette déplorable feuille de chou, vouée désormais à la honte et à la ruine. Je ferais connaître mon opinion sur son compte sans le sentiment des convenances qui me possède, et si je n'aimais de tout mon cœur ses trois rédacteurs en chef. »

Victor Hugo s'amusa beaucoup de mes procédés de polémique. Mais il me signala comme un homme dangereux. Je ne sais si les *Trois Républicains* continuèrent après cette mémorable rupture. Dans tous les cas, mon service fut supprimé.

*
* *

Les enfants étaient tout petits encore. Victor Hugo nous entretenait des différences d'instinct des petits garçons et des petites filles, et nous disait là-dessus des choses charmantes. Il aperçoit ses bébés et veut nous donner des preuves à l'appui de ses théories.

— Georges! dit-il, voudrais-tu voir les jambes d'Henriette? (Henriette, c'est une des bonnes.)

Georges rougit, trouve que ce n'est pas un mot à dire, et va se jeter dans les bras de sa mère.

— Et toi, Jeanne, voudrais-tu voir les jambes de ta bonne?

Jeanne hausse les épaules.

— Ça m'est bien égal!

* * *

Il est difficile de parler de Victor Hugo, sans que sa petite fille intervienne dans les histoires plus souvent qu'à son tour. Ce n'est pas ma faute, mais il faut dire qu'un caprice de Mlle Jeanne a bouleversé la maison ces jours-ci.

— Papapa, a-t-elle demandé, est-ce que je ne suis pas assez grande?

— Si, mon amour, tu es assez grande.

— Eh bien, je ne voudrais pas me coucher de bonne heure ce soir.

— Pourquoi cela?

— Il vient des sénateurs pour te parler; je veux les voir.

— Ma chérie, cela t'ennuiera.

— Non, cela ne m'ennuiera pas.

— Tu voudras jouer.

— Non, je ne jouerai pas.

— Tu feras du bruit.

— Non, je serai sage.

— Eh bien, dit le grand-père, arrange cela avec ta mère; moi, je veux bien.

La petite fille est très flattée de cette marque de confiance.

— Tu sais donc la politique? lui demande son frère.

— Non, mais je verrai bien ce qu'ils diront.

Le soir, les sénateurs affluent. Mlle Jeanne, accrochée à l'habit du grand-père, les écoute attentivement. Elle est d'une sagesse exemplaire. Victor Hugo montre une grande vivacité oratoire; il s'anime; il s'emporte, et sa voix sonore fait résonner les voûtes du salon rouge.

— Papapa!

— Quoi, mon enfant?

— Ce n'est pas contre moi que tu es fâché, au moins?

— Non, ma mignonne.

La soirée s'achève; les sénateurs s'en vont; il n'y a qu'une voix pour louer la tenue de Mlle Jeanne. Cela lui fait venir une autre idée.

— Grand-père, veux-tu m'emmener au Sénat demain?

— Oui, si cela t'amuse; tu n'as qu'à venir avec ta mère.

— Non, pas avec maman, c'est avec toi que je veux aller.

— Ce n'est pas possible; on ne te laisserait pas entrer.

— Même si tu le dis?

— Même si je le dis.

— Eh bien, tu ne diras rien; tu me prendras par la main, nous entrerons, et tu me mettras sur tes genoux.

— Oui, mais il viendra un huissier tout habillé de noir, avec une grande chaîne; il te dira : Mademoiselle, vous n'êtes pas sénateur!

— Et je répondrai : Monsieur, je suis sa petite-fille!

*
* *

Le Maître est un grand conteur d'histoires. Il en réédite de charmantes pour Georges et Jeanne, ses petits-enfants. Je dis rééditer, car il les a déjà racontées à leur père, à leurs tantes, trente ans auparavant. Mais les histoires ne vieillissent pas, et l'on entend toujours avec plaisir *la Bonne Puce et le Méchant Roi; le Chien métamorphosé en ange;*

l'*Ane aux deux grandes oreilles*. Je les écrirai peut-être un jour. Mais il en est une histoire qu'on ne lui a jamais laissé finir, c'est celle de l'*Ermite*. Elle débute ainsi :

« Il y avait une fois, dans une caverne, sous une
« montagne, un pauvre ermite qui paraissait vi-
« vre très pauvrement. Il priait Dieu, se soumettait
« à toutes sortes de mortifications, et faisait l'admi-
« ration des gens du pays qui lui apportaient, pour
« l'empêcher de mourir d'inanition, des racines et
« de vieilles croûtes de pain. Eh bien! pendant
« qu'on le croyait si marmiteux et si misérable, il
« mangeait du veau, le cochon !... »

Cet effet est sûr. Le conte est interrompu par mille réclamations. On veut savoir le pourquoi de ce veau imprévu, et le conte ne finit jamais.

* * *

Le répertoire des contes de fées du Maître n'est pas nombreux. Un soir, ses petits-enfants lui en firent reproche.

— C'est toujours *la Bonne Puce et le Méchant Roi;* c'est toujours *le Chien changé en ange;* c'est toujours *l'Ane aux deux oreilles*, et encore, celui-ci, tu ne l'as jamais fini ; autre chose ! autre chose !

Le maître secoua la tête, en disant :

— C'est très difficile, un conte.

— Non, ce n'est pas difficile pour toi.

— Il y en a bien un que je pourrais indiquer, dit Catulle Mendès, et un conte qui n'est pas vilain, celui du *Beau Pécopin et de la Princesse Bauldour.*

— Eh ! dit le poète, je l'ai fait imprimer ; vous n'avez qu'à le lire.

— Non, j'aime mieux que tu racontes, dit Jeanne. Tiens, puisque tu n'as pas d'imagination, redisnous l'*Histoire de la Bonne Puce*, mais avec les gestes, — tu entends, papapa, avec les gestes ?

— Oui, avec les gestes, dit Victor Hugo.

Et l'*Histoire de la Bonne Puce* commença :

« Il y avait une fois un méchant roi qui rendait son peuple très malheureux. Tout le monde le détestait, et les gens qu'il faisait emprisonner et massacrer auraient bien voulu le battre. Mais le moyen ? Il était le plus fort ; il était le maître ; il n'avait de compte à rendre à personne, et quand on lui disait que ses sujets n'étaient pas contents, il répondait : « Je m'en fiche ; ça m'est bien égal ! » Ce qui est une vilaine réponse.

Comme il continuait son métier de roi et qu'il devenait chaque jour un peu plus méchant que la veille, cela fit réfléchir une petite puce de rien du tout, qui était pleine de bons sentiments. Ce n'est pas en général dans le naturel des puces, mais celle-ci avait été fort bien élevée ; elle ne piquait les personnes qu'avec modération et seulement quand elle avait grand'faim.

— Si je mettais le roi à la raison ? se dit-elle. Cela n'est pas sans danger, mais n'importe, essayons.

Le soir, le méchant roi, après avoir fait toutes sortes de vilaines choses dans la journée, s'endormait bien tranquillement, quand il sent comme une piqûre d'épingle.

— Pique !

Il gronde et se retourne de l'autre côté.

— Pique ! pique ! pique !...

(C'est ici qu'arrivèrent les gestes. Un mouvement agressif de la main indiquait les attaques de la puce, et le conteur bondissait sur sa chaise pour mieux exprimer les angoisses du monarque.)

— Qui me pique ainsi ? demanda le roi d'une voix terrible.

— C'est moi, répondit une petite voix.

— Toi ? qui, toi ?

— Une petite puce qui veut vous corriger.

— Une puce ! Attends, attends, tu vas voir !

Et le roi saute de son lit, chavire ses couvertures, secoue ses draps, chose bien inutile, car la bonne puce s'est cachée dans la barbe royale.

— Ah! dit-il, la voilà partie, et je vais pouvoir dormir d'un bon sommeil.

Mais à peine a-t-il posé sa tête sur l'oreiller...

— Pique!

— Comment? Quoi? Encore?

— Pique! pique!

— Tu oses revenir, abominable petite puce! Mais pense un peu à ce que tu fais! Tu n'es pas plus grosse qu'un grain de sable, et tu oses piquer un des plus grands rois de la terre!

— Je m'en fiche, ça m'est bien égal!

— Ah! si je te tenais!

— Oui, mais tu ne me tiens pas!

Le méchant roi ne dormit pas de la nuit et se leva le lendemain matin d'une humeur massacrante. Il résolut de détruire son ennemie. Par son ordre, on nettoya le palais à fond, et particulièrement sa chambre à coucher; le lit fut fait par dix vieilles femmes fort habiles dans l'art d'attraper les puces. Mais elles n'attrapèrent rien, car la bonne puce s'était cachée sous le collet de l'habit du roi.

Le soir, cet affreux tyran, qui mourait de sommeil, se coucha sur les deux oreilles, quoiqu'on dise que ce soit très difficile. Mais il voulait dormir double et n'avait pas trouvé de meilleur moyen. Je t'en souhaite! A peine avait-il éteint sa chandelle qu'il sentit la puce à son cou.

— Pique! pique!

— Ah mon Dieu! qu'est-ce?

— C'est moi, la puce d'hier.

— Mais que veux-tu, coquine, petite peste?

— Je veux que tu m'obéisses et que tu rendes ton peuple heureux.

— Holà! mes soldats! mon capitaine des gardes! mes ministres! mes généraux! Tout le monde! Toute la boutique!

Toute la boutique arriva. Le roi était d'une colère à faire trembler; il fit une scène à tous les gens de la maison; il ne parlait de rien moins que de faire fouetter les vieilles dames qui n'avaient pas su trouver la puce ; tout le monde était consterné. Pendant ce temps, la puce, bien tranquille, se tenait cachée dans le bonnet de nuit du roi.

On doubla les gardes; on fit des lois et des décrets; on rendit des ordonnances contre les puces; il y eût des processions et des prières publiques pour demander au ciel l'extermination de la puce et de bons sommeils pour le roi. Rien n'y fit; le triste monarque ne pouvait se coucher, même dans l'herbe, sans être attaqué par son ennemie obstinée, la bonne puce, qui ne le laissait pas dormir une minute.

— Pique! pique!

Combien il se donna de coups de poing pour l'écraser serait trop long à raconter; il était couvert de bleus et de contusions; ne pouvant dormir, il errait comme une âme en peine; il maigrissait; il serait mort certainement, s'il ne s'était avisé d'obéir enfin à la bonne puce.

— Je me rends, lui dit-il, une fois qu'elle recommençait à le piquer; je te demande grâce, je ferai ce que tu voudras.

— A la bonne heure. A cette condition seule, tu pourras dormir.

— Merci. Que faut-il que je fasse?

— Rends ton peuple heureux.

— Je n'ai jamais appris; je ne sais pas.

— Rien de plus facile; tu n'as qu'à t'en aller.

— En emportant mes trésors?

— Sans rien emporter.

— Mais comment vivrai-je, si je n'ai pas le sou?

— Je m'en fiche; ça m'est égal.

Mais la puce n'était pas méchante et laissa le roi remplir ses poches d'argent avant de partir. Et le peuple trouva moyen d'être fort heureux, en se mettant en république. »

*
* *

Il faut remarquer que les versions des contes de Victor Hugo diffèrent souvent. Il y fait volontiers des variantes, y ajoute des épisodes. Le sujet l'entraine quelquefois, ou l'actualité, ou la leçon spéciale qu'il veut donner aux enfants. *Le conte du Roi et de la Puce* est pourtant celui dont le texte est le mieux arrêté. *Le Bon Chien*, conte plein d'épisodes, dont les chapitres peuvent s'allonger ou se réduire, prête davantage à la fantaisie. Le voici, tel que je l'ai entendu à Guernesey, ou du moins tel que je me le rappelle.

« Il y avait une fois un très bon chien qui s'appelait d'un nom dont je ne me souviens pas. C'était un chien d'un excellent naturel. J'aurais voulu être son ami. Malheureusement il était fort laid, traînait la patte, avait une taie sur l'œil et se baignait rarement. C'était un peu la faute de son maître, petit garçon méchant au possible, et qui n'avait à lui dire que des choses désagréables. Il l'appelait « sale chien », et, quand personne ne le voyait, car on a toujours honte de faire le mal, il flanquait à la pauvre bête de grands coups de pied dans le ventre.

— Pan ! attrape ça !

Le chien faisait : Hie ! hie ! à la façon des chiens qu'on fouette, et se sauvait comme un voleur; mais il revenait au bout d'un instant, car on lui avait confié la garde du méchant petit garçon, et le bruit courait qu'il passait quelquefois des loups dans le pays.

Un jour, un loup qui avait faim sortit du bois, et, voyant que le petit garçon battait le pauvre chien comme plâtre, il pensa que celui-ci serait bien aise d'être débarrassé de ce mauvais maître. Le chien n'entendit pas de cette oreille-là ! et comme le loup voulait absolument goûter du petit garçon, il se battit, fut mordu de la belle manière, mais se montra si brave que la bête sauvage, intimidée par cette belle défense, rentra dans la forêt. Le petit garçon, tout tremblant, s'était caché derrière un arbre et avait ramassé un gros bâton pour se défendre. Quand il vit le pauvre chien arriver à lui, tout joyeux de sa victoire, il se mit en colère.

— Ah ! vilaine bête ! dit-il, m'as-tu fait assez peur en te battant avec cet affreux loup !

Et pour se venger de sa peur, il rompit son bâton sur la tête du chien, qui se sauva tout meurtri, la queue entre les jambes.

Quelques jours après, il arriva au pauvre chien une nouvelle aventure. Son maître s'était arrêté au bord d'une mare, avec une bonne provision de cailloux ; il avait l'intention de faire des ricochets, en les lançant horizontalement à la surface de l'eau. Le chien, après avoir subi quelques rebuffades, — il faut dire qu'il était bien malpropre ce jour-là, — s'était assis sur son séant et regardait jouer son maître. Tout à coup — paf ! — le petit garçon glisse sur le bord de la mare et tombe dans l'eau. Pouf! glou glou glou! pouf! glou glou glou! Il avalait de l'eau sale et était en train de se noyer, quand le chien, qui s'était jeté à l'eau presque aussitôt que lui, l'empoigne par le collet de la veste, et le ramène au rivage. Mais quoi! le chien avait déchiré la veste — un tout petit peu — et le méchant petit garçon avait perdu sa casquette. Cela le mit dans une colère noire. Le chien se rejeta à l'eau pour rattraper la casquette; mais, profitant des pierres qu'il avait sous la main, voilà-t-il pas le vilain enfant qui lui jette des pierres et qui manque de le faire enfoncer et de le noyer! »

J'interromps l'histoire pour me déclarer impuissant à dire l'indignation de Georges et de Jeanne devant les méfaits de ce petit bourreau, leurs exclamations, et leur confiance dans la vengeance céleste qui devait un jour punir tant de crimes! Eux si doux pour les caniches légendaires de Lockroy, pour le chat Gavroche et pour les minets du voisinage qui lui faisaient visite, ne pouvaient croire à de pareilles horreurs. Le grand-père, heureux de son effet dramatique, développait la situation avec complaisance.

« Le chien finit par sortir de l'eau, il reprit son collier de misère. Ce qui lui était arrivé n'était rien au prix de ce qui devait lui advenir.

La pauvre bête tomba malade. Il était scrofuleux, saignant, galeux ; on eût voulu le prendre avec des pinces que les pinces se seraient révoltées. Il sentait mauvais. Sa demi-noyade dans la mare lui avait donné une horreur de l'eau qui ne contribuait pas peu à sa malpropreté. La méchanceté du petit garçon semblait s'être étalée sur lui.

Il arriva que, par un jour d'orage, le petit garçon, suivi de sa victime, s'avisa de monter sur un pommier pour y voler des pommes. Ce pommier appartenait à un paysan féroce, qui ne faisait point de quartier aux voleurs, et qui aurait tué un homme pour un simple pepin. On le croyait absent. Le méchant petit garçon était monté dans l'arbre, malgré les jappements du chien qui protestait et lui disait clairement : « Tu fais mal ! Tu es un voleur ! Ces pommes ne sont pas à toi. » Au lieu de l'écouter, le vilain enfant lui lance de toutes ses forces une pomme verte, dure comme un caillou, qui atteint le chien au milieu du front et lui fait une bosse énorme. Mais qui dit que les méchants ne sont pas punis ? Au moment où ce mauvais gamin relevait la tête, savez-vous ce qu'il aperçut ? Le paysan, le terrible paysan, debout dans une haie voisine, son fusil à la main, et criant d'une voix terrible :

— As-tu de l'argent pour payer mes pommes ? Hélas ! le malheureux n'avait pas un sou. Il se sentit perdu ; il pensa à l'effet abominable que doit faire la décharge d'un fusil, quand elle vous entre dans la poitrine, au cercueil dans lequel on le coucherait le lendemain, à la terre dans laquelle on le mettrait, et, presque fou de terreur, il cria :

— A moi, mon chien !

Alors on vit presque un miracle. On sait très bien que les chiens ne montent pas aux arbres....

— C'est les chats, dit Jeanne, haletante.

Mais il y a des circonstances où tout est changé.

Le vieux sale chien sauta, bondit, rebondit comme une balle élastique, s'accrocha des dents aux branches, et arriva devant son affreux maître juste au moment où le coup de fusil partait.

Il reçut la charge en pleine poitrine.

Ses yeux mourants se tournèrent vers le petit garçon pour le prier de le secourir ; celui-ci était déjà bien loin. Il se sauvait à travers champs comme un voleur qu'il était.

Mais voilà ce que le paysan vit de ses propres yeux :

La fumée du coup de fusil, qui avait enveloppé la pauvre bête, semblait l'avoir transfigurée. L'animal n'était plus noir, n'était plus sale ; il avait autour de lui comme une clarté d'aurore. Ses poils de chien se lustraient et s'allongeaient autour de sa bonne tête, qui prenait une expression céleste, et de grandes ailes lui poussaient dans le dos.

Un coup de tonnerre retentit, et l'on vit le chien s'élever dans les airs et disparaître dans les nuages.... Parce qu'il avait manqué un ange au bon Dieu dans la matinée, et qu'en cherchant sur la terre quelqu'un pour le remplacer, il n'avait rien trouvé d'aussi bon que ce chien. »

* * *

L'histoire est finie, mais elle n'est pas complète. On s'en aperçoit peu. L'intérêt inspiré par ce chien angélique ne permet pas de songer au paysan et au petit garçon.

Une fois, pourtant, Georges s'informa de ce qu'était devenu ce dernier.

— Il demeura méchant, répondit le grand-père, et en fut cruellement puni. *Personne ne l'aima.*

* * *

L'*Ane aux deux oreilles* est moins en faveur auprès de Jeanne et de Georges. Le conte commence bien, mais il ne finit pas et laisse l'esprit inquiet. Voici toujours le commencement :

« Il y avait une fois un âne qui était un très bon

âne, mais dont la vie était fort agitée. Cela tenait à une petite difficulté d'oreille dont la nature l'avait affligé. Quand son oreille droite entendait « oui », son oreille gauche entendait « non ». Quand l'oreille droite entendait « tourne à droite », l'oreille gauche entendait « tourne à gauche »; situation embarrassante. Dans ce cas, l'âne se décidait à ne pas bouger, ce qui s'accordait avec son caractère contemplatif.

Le matin, il allait voir son maître à son lever pour prendre des ordres, agitant ses oreilles pour montrer qu'il était prêt à obéir.

— Porterai-je des choux au marché? demandait-il, avec un regard intelligent.

— Oui, entendait l'oreille droite.

— Non, entendait l'oreille gauche.

Le bon âne était fort troublé de ces injonctions contradictoires. Il supposait que son maître était indécis sur ce qu'il fallait faire de ses choux, et il demandait, en criant comme un âne :

— Porterai-je plutôt des sacs au moulin?

— Oui !

— Non !

Il n'est point encore décidé, se disait l'âne.

Dans un nouveau braiement, le roussin demandait :

— N'irai-je pas plutôt me rouler dans les foins avec des ânes de ma connaissance?

— Oui! .

— Non !

Il faut pourtant, se disait l'âne, que je fasse quelque chose.

Et il allait se rouler dans les foins. »

Je n'ai jamais entendu le grand-père aller au delà. Il s'arrange de façon à se faire interrompre. Et je crois que les enfants ne comprennent pas bien l'originalité de la donnée, car ils n'insistent pas pour savoir « la suite ».

CHOSES D'AUTREFOIS

C'est à l'âge de six à sept ans que Victor Hugo vit pour la première fois l'empereur Napoléon, dont il avait entendu parler si diversement par son père et par sa mère. L'opinion maternelle l'emportait alors dans son esprit; il quitta la main de sa mère pour voir l'empereur de plus près, et le considéra avec une sorte d'épouvante. Étourdi par les acclamations de la foule, ébloui par la splendeur du cortège, l'enfant regarda passer cet homme grave et silencieux, immobile sur son cheval, l'œil fixe, le front calme, dans un costume simple et sévère qui contrastait avec les uniformes resplendissants des généraux et des princes qui l'escortaient. Le jeune Victor crut voir une statue vivante. Le soir il en parla longuement à son père, qui se borna à lui répondre :

— Il est comme cela.

*
* *

— Je vous ai dit, poursuivit Victor Hugo, comment j'avais vu l'empereur ; vous allez savoir comment j'ai découvert un livre. Nous étions à jouer, mes frères et moi, dans le grenier de notre maison des Feuillantines, quand nous aperçûmes sur une vieille armoire un gros bouquin noir couvert de poussière, et qui ne paraissait pas avoir été ouvert depuis longtemps. Nous eûmes quelque peine à l'atteindre, plus de peine encore à le descendre ; nous l'ouvrîmes, et il nous sembla qu'il s'en échappait comme une odeur d'encens. C'était la Bible. On ne nous en avait parlé jusqu'alors que très imparfaitement, mais de telle façon que nous n'hésitâmes pas à la lire. Cela nous parut très beau et nous amusa beaucoup. Nous lûmes successivement les histoires de Ruth, de Joseph et bien d'autres. Il y avait de temps en temps dans le livre des choses que nous ne comprenions pas. Nous passions outre. Je me souviens qu'Abel demanda des explications sur quelques passages mystérieux au bon abbé de la Rivière. L'abbé, après avoir rêvé, répondit qu'il nous « expliquerait » cela.

Puis, nous partîmes pour l'Espagne, et les pères jésuites du collège des Nobles nous expliquèrent la Bible à leur manière.

*
* *

Victor Hugo aime fort à parler de son père ; le général Hugo lui apparaît à distance comme un grand soldat légendaire, dont les manières un peu brusques, un peu farouches, déguisaient une inépuisable bonté. Ce « bourru » prenait toujours le parti de ses petits-enfants contre leur père, même sans savoir le motif des querelles ou des gronderies qui les divisaient.

— Tu as certainement tort, disait-il à Victor Hugo, puisque tu les fais pleurer.

Victor Hugo, pourtant, n'exerçait pas sur ses enfants une bien cruelle tyrannie. Il se plaisait à rappeler à son père qu'il avait été plus sévère pour lui autrefois. Mais le général répondait avec une logique toute militaire :

— Les enfants et les petits-enfants, ce n'est pas la même chose.

Victor Hugo se souvenait d'avoir été « exécuté » par ce père inflexible. Un jour qu'il pleurait et qu'on ne parvenait pas à le consoler, le père arrive et s'étonne :

— Qu'est-ce que c'est, dit-il, que ces pleurnicheries ? Je croyais avoir affaire à un petit garçon ; je vois bien que je me suis trompé. Vous lui mettrez un bonnet et une robe. Comme cela, *elle* pleurera tant qu'*elle* voudra...

* * *

Victor Hugo nous décrit souvent la rue des Feuillantines, et ce grand jardin mystérieux dont ni lui ni son frère ne connaissaient le fond. On ne le cultivait guère. Il était défendu aux enfants de dépasser une certaine limite dans leurs courses. Ils s'arrêtaient en apercevant une vieille chapelle en ruines dont on leur avait défendu l'approche.

Dans cette chapelle on cachait un proscrit, Victor Fanneau de Lahorie, que les tribunaux de l'Empire avaient condamné à mort. La conspiration Malet avait failli réussir. L'empereur, en voyant le peu de solidité de son trône, avait voulu en cimenter les assises d'un peu de sang. Il ne pouvait se faire à l'idée d'avoir été à la merci d'un coup de main.

Les murs du jardin étaient hauts. Un jour où la maison bien fermée n'avait reçu que des amis sûrs, Victor — tout enfant alors — vit sortir des

profondeurs du jardin une haute et fière figure.
C'était Lahorie, proscrit de l'Empire, qui avait
trouvé un refuge chez un général de l'Empire, le
comte Hugo.

Le proscrit causa avec ses camarades. Puis,
mettant la main sur la tête du petit Victor qui
n'était pas très rassuré, il lui dit :

— Souviens-toi de ceci : Avant tout, la liberté !

Quelques années plus tard, Victor Hugo, que sa
mère tenait par la main, passait devant l'église
Saint-Jacques-du-Haut-Pas. Une affiche était placardée sur une des colonnes du portail. La mère
s'arrêta et dit à l'enfant :

— Lis.

L'affiche portait ces mots :

EMPIRE FRANÇAIS.

« Par sentence du premier conseil de guerre,
« ont été fusillés en plaine de Grenelle, pour cause
« de conspiration contre l'Empire et l'Empereur,
« les trois généraux Malet, Guidal et Lahorie. »

— Lahorie, dit la mère. Retiens bien ce nom.

Et elle ajouta :

— C'est ton parrain.

. . . .

La voix de Lahorie laissa dans l'esprit de l'enfant un souvenir indélébile. Il n'oublia jamais la leçon ni la parole. Il aima les proscrits dès l'enfance, lui qui devait être le plus grand des proscrits.

* **

Le poète a conservé une mémoire singulière de ses études latines et de cet abbé de la Rivière qui lui enseignait les humanités. Ce soir il nous a récité plus de cent vers d'Horace sans un oubli, sans une erreur.

* **

Certains vers faits sur lui à l'époque de la lutte romantique lui sont restés dans la pensée. Il nous a cité ceux qui furent écrits à l'occasion de son premier insuccès à l'Académie :

> Jusques à ce fauteuil qu'Académique on nomme,
> Quand donc, de roc en roc, grimperas-tu, rare homme ?

Et la légende, qui accompagne son portrait, dans *le Grand chemin de la Postérité*, publié par LA CARICATURE, en 1840 :

Hugo
Cet homme
In-fo-
Lio...

*
* *

Victor Hugo nous a raconté un de ses souvenirs d'enfance.

— J'étais, dit-il, à Madrid, du temps de Joseph. C'était l'époque où les prêtres montraient aux paysans espagnols, qui voyaient la chose distinctement, la sainte Vierge tenant Ferdinand VII par la main dans la comète de 1811. Nous étions, mes deux frères et moi, au séminaire des Nobles, au collège San Isidro. Nous avions pour maîtres deux jésuites, un doux et un dur, don Manuel et don Basilio. Un jour, nos jésuites, par ordre sans doute, nous menèrent sur un balcon, pour voir arriver quatre régiments français qui faisaient leur entrée dans Madrid. Ces régiments avaient fait les guerres d'Italie et d'Allemagne, et revenaient de Portugal. La foule, bordant les rues sur le passage des soldats, regardait avec anxiété ces hommes qui apportaient dans la nuit catholique l'esprit français, qui avaient fait subir à l'Église la voie de fait révolutionnaire, qui avaient ouvert les couvents, défoncé les grilles, arraché les voiles, aéré les sacristies, et tué le saint-office. Pendant qu'ils défilaient sous notre balcon, don Manuel se pencha à l'oreille de don Basilio et lui dit :

— Voila Voltaire qui passe !

*
* *

Le besoin de domination morale date de l'enfance du poète. Victor Hugo, revenant sur ses années de collège, parle en riant de la tyrannie qu'il exerçait sur quelques-uns de ses condisciples. L'un d'eux, externe, avait brigué le modeste emploi de faire les commissions de Victor, pensionnaire; il allait chercher tous les matins quelques sous de charcuterie que son despote ajoutait au pain du lycée. Mais Pylade avait quelquefois maille à partir avec Oreste. A la moindre querelle, Victor prenait un air de souverain offensé par un crime de lèse-majesté, et signifiait à son esclave volontaire un terrible ultimatum :

— C'est bien ! tu n'iras plus chercher mon déjeuner !

Et le malheureux implorait sa grâce.

* *
*

Le jardin des Feuillantines a laissé dans la mémoire de Victor Hugo de doux et mélancoliques souvenirs.

Il parle avec attendrissement de l'abbé de la Rivière, son précepteur, qui partageait avec Mme Hugo mère les soins de son éducation. L'enfant sortit de leurs leçons monarchiste passionné; on commence toujours par être de l'opinion de sa mère.

Puis le père l'emporta ou du moins vint influer sur les premières croyances de l'enfant. Ils avaient eu ensemble peu de rapports intimes; le général, captivé par ses devoirs militaires, vivait peu de la vie de famille. Il y a beaucoup de la jeunesse du poète dans le portrait qu'il trace de Marius de Pontmercy dans *les Misérables*. Ce n'est qu'à son adolescence qu'il comprit les gloires de l'Empire et l'action civilisatrice qu'exerça sur le vieux monde la France conquérante.

* *
*

Victor Hugo ne fut pas si éloigné des cités et des cours — des cours surtout — qu'il le dit dans les vers qu'il envoya, tout enfant, au concours de l'Académie. Sous la Restauration, il fit partie du groupe des héritiers de pairie.

Ce groupe était composé de petits jeunes gens orgueilleux comme des « poux » et absolument infatués de leur personne...

— Mais, mon cher Maître, pourquoi dit-on « orgueilleux comme des poux » ?

— Parbleu ! parce qu'ils marchent sur la tête des gens...

Donc, Victor Hugo faisait partie de cette bande de précieux adolescents ; le général Cornet avait voulu lui céder son droit de siéger à la Chambre haute, à condition qu'il ajoutât son nom au sien. Cela eût fait Cornet-Hugo ou Hugo-Cornet, ce qui n'avait rien d'euphonique. Mme Hugo, la mère, n'y voulut point consentir.

Les héritiers de pairie, quand se réunissait la Cour, se tenaient dans un coin de la salle, à eux réservé, et qui était fermé par une grosse corde dorée. Cet honneur se payait d'une assez grande fatigue, car il était défendu aux jeunes gens de s'asseoir ; ils restaient quelquefois debout pendant quatre ou cinq heures, par respect pour l'étiquette. Mais quel plaisir d'être regardés par les belles dames qui remplissaient les tribunes et de faire partie de cette élite dorée ! Ces grands enfants n'avaient entre eux aucune camaraderie, et se parlaient avec une morgue et un sérieux déplorables.

Victor Hugo citait entre autres le marquis de Pastoret comme un des poseurs les plus agaçants qu'il fût possible de voir.

Le chevalier d'Ambray était alors président de la Cour des pairs. C'était un brave homme qui ne portait que la croix de Saint-Louis et se faisait gloire d'avoir refusé celle de la Légion d'honneur. Légitimiste pur, qu'une ambition déçue tourmenta toute sa vie. En tant que président de la Cour, son fauteuil était orné de cinq galons d'or ; les fauteuils des pairs n'en portaient que trois. Cela était évidemment fort honorable, mais le chevalier, quoique d'excellente noblesse, était moins titré que les collègues qu'il dirigeait. C'était l'objet de ses réclamations incessantes auprès de Louis XVIII. Il finit par impatienter le roi qui répondit à sa requête :

— M. d'Ambray oublie que la plupart de ses collègues sont d'épée. Il est de robe et de robe il restera.

Ces belles querelles passionnaient le noble faubourg. Un des plus hauts privilèges des pairs était d'arriver à la Chambre par le milieu du grand escalier. Les ministres, les cardinaux, les plus hauts dignitaires suivaient les rampes, et le nonce du pape lui-même fut invité respectueusement par l'huissier de service à passer sur les bas côtés.

Les héritiers de pairie, fussent-ils camarades de collège, étaient tenus de s'appeler « monsieur », comme les pairs, du moins aux séances de la Cour.

*
* *

Victor Hugo est plus conservateur qu'on ne pense. Il ne porte aucune décoration, mais n'est point ennemi de l'institution de la Légion d'honneur.

— Il faut respecter l'enthousiasme et la foi, dit-il ; le bout de ruban pour lequel on donne sans hésiter sa vie où l'un de ses membres est un moyen de gouvernement et d'action qui n'est point à dédaigner. Tout ce qui élève l'âme vers l'abnégation, le dévouement et l'idéal est une bonne chose. Le ruban est une réduction du drapeau, dans lequel on voit la patrie.

Il nous a raconté à ce sujet l'histoire de sa promotion dans l'ordre ; il n'avait alors que vingt-quatre ans, mais sa réputation grandissait à vue d'œil.

Victor Hugo partait pour Bordeaux avec sa femme et sa fille, quand il vit arriver à bride abattue, au bureau des Messageries, une ordonnance royale. Le soldat, venu trop tard pour le trouver au logis, avait essayé de le rejoindre.

Il remit au poète un pli scellé de rouge qui contenait le brevet de chevalier. La diligence partit au même instant.

A Blois, Victor Hugo rencontra son père, qui l'attendait au passage. Il se jeta dans ses bras et lui montra la lettre officielle.

Le général Hugo voulut décorer lui-même son fils d'un des rubans qu'il avait portés sur le champ de bataille. Il avait cessé depuis longtemps de s'opposer à la « vocation littéraire » du jeune homme, et peut-être ce jour-là se reprocha-t-il la sévérité qu'il avait montrée à cet égard.

*
* *

Jamais Victor Hugo n'a eu une parole de reproche pour cette rigueur paternelle qui supprima pendant quelques années la pension dont il vivait avec son frère Abel. Les deux jeunes gens se réduisirent à la portion congrue, et trouvèrent moyen de vivre dix-huit mois avec huit cents francs. Victor Hugo, exagérant peut-être et parlant des privations qu'ils subirent à cette époque, raconte qu'une côtelette leur faisait trois jours.

— Le premier jour, dit-il, nous mangions le maigre de la côtelette; le deuxième, nous mangions le gras; le troisième, nous nous contentions de l'os.

Cette historiette, racontée à une table toujours abondamment servie, rencontre des incrédules. Les poètes sont si familiers avec l'hyperbole!

Du reste, une telle économie ne s'appliquait qu'aux déjeuners. Les dîners étaient relativement somptueux. Les deux frères avaient découvert je ne sais quelle gargote, au quartier Latin, où l'on dînait fort agréablement pour quinze sous. Deux plats, un potage, un dessert, un carafon de vin et du pain à discrétion. Plus, un sourire d'un sou. Le poète insiste sur ce détail. Il y avait au comptoir une jolie femme à qui on allait payer soi-même l'addition et qui répondait au sou de pourboire par un sourire engageant. Ce n'était pas cher.

— Enfin, s'écrie Victor Hugo, les huit cents francs auraient suffi de reste, si nous ne nous étions avisés de donner de grands dîners et de prêter de l'argent.

Un critique influent avait invité Abel et Victor à un déjeuner modeste. Ils résolurent de le lui rendre et de bien faire les choses. Cela ne leur coûta pas moins de deux louis. Un ami dans l'embarras augmenta le déficit de leur budget, en leur empruntant une cinquantaine de francs qu'il oublia toujours de leur rendre. C'est quand on est dans la misère qu'il est bon de faire le grand seigneur.

Cette vie précaire fut interrompue un jour, à l'improviste, par l'arrivée d'Abel, qui, fou de joie et n'osant y croire lui-même, se précipita dans la petite chambre de la rue du Dragon, porteur d'un gros sac d'écus. Les *Premières Poésies* avaient été vendues jusqu'au dernier volume, et l'honnête libraire qui les avait mises en vente, sans avoir fait les frais de l'édition payés sur les économies d'Abel, envoyait à l'auteur six cents francs en écus de six livres! Le Pactole roula à travers la mansarde.

*
* *

Ce n'est pas seulement à l'heure de ses premiers débuts que le poète se vit aux prises avec les difficultés de la vie. Il nous répétait hier encore :

— Le jour de la première représentation d'*Hernani*, — j'étais alors marié et père de deux enfants, — il ne me restait que quarante francs dans mon secrétaire. Le soir même, entre le quatrième et le cinquième acte de la pièce, à l'orchestre du Théâtre-Français, Mame m'offrait six mille francs de mon manuscrit. J'hésitais à conclure.

— Laissez finir la pièce, lui disais-je.

— Pas du tout, répliqua l'éditeur; vous me feriez payer plus cher après.

*
* *

Qui ne se rappelle les nobles et chastes amours de Marius et de Cosette dans *les Misérables?* Cette idylle merveilleuse, ces éveils du cœur chez un jeune homme fier et farouche, chez une fille naïve et sincère, furent décrits par Victor Hugo d'après nature, et il ne faisait point difficulté d'avouer que c'était un peu l'histoire de ses amours avec cette charmante Adèle Foucher qu'il connaissait depuis l'enfance. Il avait si bien vécu dans le rêve, les travaux littéraires l'avaient gardé si pur, qu'au jour de son mariage sa fiancée et lui étaient aussi sages l'un que l'autre.

*
* *

Victor Hugo nous a raconté son premier duel : je dis premier, sans être bien sûr qu'il en ait eu d'autres. Pourtant sa lutte avec l'Empire peut être comptée comme un combat au moins singulier.

Le poète, alors tout jeune, était fort amoureux

et fort malheureux. Il venait de perdre sa mère, et des raisons de famille, des questions d'intérêt s'opposaient à son mariage avec Mlle Adèle Foucher, qu'il considérait comme sa fiancée. Rêveur, assombri, il courait la campagne, faisant des vers pour se consoler, fuyant même ses amis.

Un jour il arriva à Versailles, sans l'avoir fait exprès. Il entra dans un café, demanda à déjeuner, et prit un journal en attendant qu'on le servît.

Un garde du corps d'un certain âge se leva au bout d'un instant et s'approcha du jeune homme. Il était évident qu'il en voulait au journal que Victor Hugo lisait d'une manière absolument distraite.

L'idée ne lui vint pas de le demander. Ce lecteur indifférent qui levait les yeux au ciel et pensait à toute autre chose qu'à la feuille qu'il tenait devant ses yeux, finit par agacer outre mesure le militaire, curieux de politique et de nouvelles. D'un coup de main subit, il enleva le journal au jeune homme et se prit à le parcourir. Ces façons étaient un héritage du premier Empire. Le temps n'était pas encore éloigné où des officiers en belle humeur mettaient sans façon les pékins à la porte des maisons où ils traînaient leurs sabres.

Cependant Victor Hugo, le sang bouillant, s'était levé, fort pâle, avec des yeux terribles.

— Vous n'êtes pas content? dit le soldat; rien de plus facile à arranger.

— Vous m'en rendrez raison, dit le jeune homme.

Pour ne pas laisser refroidir l'affaire, il fut convenu qu'on se battrait le jour même dans la salle d'armes d'une caserne voisine.

Victor Hugo trouva à Versailles les témoins nécessaires.

Alfred de Vigny, et Gaspard de Pons, officier de la garde royale, prirent sa cause en main, et s'entendirent avec deux camarades de l'agresseur. Victor Hugo, craignant sans doute que cette aventure ne lui nuisît auprès de la famille de sa fiancée, avait prié ses témoins de ne pas dire son véritable nom, et voulait se battre sous un pseudonyme.

Le duel eut lieu. Comme on commençait à en parler par la ville et qu'on craignait une intervention quelconque, une compagnie de gardes, par pure complaisance, se mit à faire l'exercice devant la porte. Le moyen de croire qu'on se battait derrière eux !

Les témoins de Victor Hugo avaient une peur extrême, car son adversaire jouissait d'une grande réputation d'habileté. Cependant la bonne contenance du jeune homme les rassura.

A la seconde passe, il reçut un coup d'épée dans le bras gauche, près de l'épaule. Le fer glissa sur la poitrine effacée. On emporta le jeune homme, presque l'enfant, car Victor Hugo n'était pas majeur à cette époque. Il garda le lit quinze jours.

Mais son nom était déjà connu ; Chateaubriand l'avait appelé « Enfant sublime »; et François de Neufchâteau « Tendre ami des neuf Sœurs ». Le garde du corps ne tarda pas à apprendre le nom de son adversaire. Il vint s'excuser au chevet du poète, presque avec des larmes.

— Je vous jure, Monsieur Victor Hugo, lui disait-il, que si je vous avais connu, je me serais laissé embrocher.

Victor Hugo fut obligé de le consoler.

*
* *

Victor Hugo aime à revenir sur les premières années de son ménage, alors que ses deux beaux enfants, Charlot et Didine, se roulaient sur les tapis de son salon, et qu'il recevait, avec son frère Abel Hugo et sa jeune femme, Louis Boulanger, Sainte-Beuve, Émile Deschamps, Alfred de Musset et même Gustave Planche.

On disait beaucoup de vers dans ces soirées intimes.

Comme on discutait sur l'excellence de la rime

et que Deschamps déclarait qu'il ne se contentait pas de moins de trois lettres :

— A la bonne heure, dit Hugo, et voilà qui vous satisfera sans doute :

> Ici gît le nommé Mardoche
> Qui fut suisse de Saint-Eustache,
> Et qui porta la hallebarde.
> Dieu lui fasse miséricorde !

*
* *

Mme Drouet nous a parlé longuement de sa jeunesse, et Victor Hugo a plusieurs fois répété qu'elle avait été la plus belle personne du siècle. Elle représente encore admirablement, quoique notre ami Pelleport exagère un peu en la comparant à une rose.

Mme Drouet, de son vrai nom Gauvain, — nom que Victor Hugo a donné à l'une des admirables figures de *Quatre-vingt-treize*, — a été fort belle en effet. On pourrait contester l'opinion du poète qui a écrit une partie des *Contemplations* pour elle, mais l'éditeur Poulet-Malassis, qui n'était pas des amis de la dame, affirmait qu'à cinquante ans elle avait les plus belles épaules de Paris. La statue de Lille, sur la place de la Concorde, a été sculptée d'après elle.

Mme Drouet, qui avait de très beaux cheveux noirs pendant sa première jeunesse, les vit rapidement blanchir à l'âge de vingt-cinq ans et prendre une merveilleuse couleur de neige un peu dorée. Elle s'en fit un diadème qu'elle porta toute sa vie et ne songea jamais à changer leur couleur.

C'est à cette compagne fidèle et dévouée du poète que nous devons les curieux chapitres des *Misérables*, relatifs au couvent de Picpus où elle avait été élevée. Orpheline de bonne heure, elle fut recueillie par son oncle, le général Drouet, dont elle garda toujours le nom. Un peu embarrassé d'avoir une nièce à garder, le général, excellent cœur, dont Mme Drouet ne parle qu'avec attendrissement, crut bien faire en cloîtrant la jeune fille. C'était d'ailleurs l'avis de sa femme, Mme la générale Drouet, un peu plus dévote qu'il n'était nécessaire, pour les autres du moins. A seize ans, on songea à faire prendre le voile à la jeune fille ; elle essaya de s'accoutumer à cette idée. Elle était déjà dans tout l'éclat de sa beauté. Sans dot, sans fortune, elle ne put que se résigner au sacrifice qu'on voulait lui imposer.

La veille de la prise d'habit, Mgr de Quélen, archevêque de Paris, se rendit au couvent pour examiner les postulantes. C'était un usage établi ; il adressait aux pauvres filles quelques mots d'encouragement et leur montrait le ciel en perspective.

La nièce du général lui fut présentée, et il la regarda avec étonnement.

« J'étais assez embarrassée, nous dit Mme Drouet, et il me sembla que quelque chose allait se décider dans ma vie. »

Après quelques questions bienveillantes, l'archevêque me dit :

— Alors, mon enfant, vous avez la vocation?

— Oh! non, monseigneur! fis-je en secouant tristement la tête.

— Comment! s'écria Mgr de Quélen, en se redressant dans son fauteuil, qu'est-ce que cela veut dire?

Il se retourna vers la supérieure, qui assistait à cet examen :

— Révérende Mère, pouvez-vous m'expliquer cela?

— Monseigneur, répliqua la religieuse, nous avons dû suivre les instructions des parents de la jeune fille; elle est orpheline et sans fortune. Regardez-la; que voulez-vous qu'elle devienne dans le monde, avec cette figure?

— N'importe, dit l'archevêque; cela n'est pas une raison. Tout vaut mieux qu'une mauvaise religieuse.

Juliette Drouet chancelait. L'archevêque se leva et la rassura.

— Ne vous inquiétez de rien, mon enfant; vous aurez bientôt de mes nouvelles.

Le lendemain, en effet, il revint avec le général Drouet qui sacra quelque peu, appela sa nièce « grande sotte » et l'emmena.

Ce fut quelques années après sa liberté reconquise que Mlle Drouet eut l'idée de se consacrer à l'art dramatique. En 1833, elle était engagée au théâtre de la Porte-Saint-Martin, où Victor Hugo allait faire représenter *Lucrèce Borgia*, qui fut intitulée d'abord : *le Souper de Ferrare*. Le rôle de Lucrèce appartenait naturellement à Mlle Georges ; l'auteur ne trouvait pas le rôle de la princesse Négroni digne d'être offert à Mlle Drouet. Harel exposa ces scrupules à sa belle pensionnaire, qui prit une voiture et se rendit chez l'auteur. Elle lui demanda le rôle et l'obtint. Tant de bonne grâce aboutit à une amitié qui a déjà duré plus d'un demi-siècle.

**

Il faut ajouter un mot à ces notes. Mme Drouet a précédé Victor Hugo de trois ans dans la tombe. Le poète est mort le 22 mai, jour de sainte Julie, le jour où l'on célébrait la fête de Mme Juliette Drouet.

**

Voici un mot galant, attribué à Victor Hugo, et

qui m'a été répété par cet affreux Poulet-Malassis, qui a bien de l'esprit quelquefois.

Une très belle dame, un peu hautaine, qui tenait le poète sous sa loi, lui faisait sentir quelquefois le joug, même devant le monde.

— N'oubliez pas, monsieur, que vous avez filé à mes pieds !

— C'est vrai, madame, répondit le Maître humblement, mais vous oubliez de dire que de temps à autre je vous prenais la jambe.

*
* *

Victor Hugo nous a raconté quelques vieilles histoires de ses enfants, des premiers, de ce groupe charmant qui se composait de Charles et de Toto, de Dédé et de Didine. Il s'attendrissait en revenant sur le passé et nous rappelait ce mot dont il a défini le Paradis sur la terre :

« Les parents toujours jeunes, les enfants toujours petits. »

Il faut dire pourtant que ces enfants adorés étaient quelquefois l'objet de ses malices. Il arrivait, sans paraître les apercevoir, et s'adressant à Mme Hugo :

— Mon Dieu ! quelle chose pénible ! savez-vous ce que je viens de voir dans l'escalier ? Le chat Moumou qui mangeait la poupée d'Adèle !

La petite est toute saisie. Charles, qui protège sa sœur, s'écrie :

— Vilain chat ! si j'avais été là, j'y aurai « fitu » mon pied dans la figure !

Didine, pour qui son frère était un oracle, et qui se plaisait à appuyer ses arguments, arrive à la rescousse :

— Oui... fitu... pied... figure !

Mais Adèle, gravement :

— Taisez-vous, mademoiselle ! c'est des mots de garçon, qu'il ne faut pas répéter.

*
* *

Le grand poète Théophile Gautier, le plus cher disciple du Maître, très familier dans la maison, se plaisait fort au même amusement ; il était un porteur de nouvelles extraordinaires ! Un jour il arrive à la place Royale et raconte que son concierge a fait couper la queue de son chien. On s'apitoie à propos de cette cruauté, quoiqu'un assistant fasse remarquer qu'une croyance populaire veut que les chiens aient au bout de la queue un ver qui leur ronge le tempérament.

Après un moment de silence, Théophile demande à Charles qui le regarde de ses beaux yeux :

— Aimerais-tu, toi, qu'on te coupât la queue ?

Charles vivement :

— Z'ai pas de queue !

Réflexion faite, bébé rougit.

— Ze sais pas si z'ai une queue, mais ze veux pas qu'on me coupe rien !

Et quels bons rires du père !

*
* *

Autrefois, du temps de Dédé et de Didine, grands consommateurs de contes et d'histoires, il y avait des jours où la tyrannie enfantine de ses auditeurs faisait recourir le père à d'étranges expédients. Comme après chaque histoire ils s'écriaient : Une autre ! il n'y avait pas de raison pour que cela finît. Alors le héros du conte, — cela était dans l'histoire, bien entendu, — s'apercevait qu'il mourait de soif. « Il entre dans un café, demande une limonade, et prend le journal, pour y lire les nouvelles du jour. » Et le conteur les lisait réellement, ayant besoin de se tenir au courant du mouvement politique et littéraire.

Mais les enfants faisaient la moue et exigeaient que le monsieur sortît du café.

Victor Hugo défendait le réalisme du récit, prétendant que lorsqu'on racontait les aventures de quelqu'un, il ne fallait rien passer.

Il y perdait ses auditeurs ; et, désormais, quand son héros s'emparait d'un journal quelconque, les enfants se levaient immédiatement.

— Allons-nous-en, disaient-ils ; voilà papa qui va dire ses bêtises.

*
* *

Victor Hugo nous a parlé ce soir d'un poème bien amusant, auquel son nom se rattache d'une façon inattendue.

A l'avènement de Louis-Philippe, on ne chôma ni d'hymnes, ni de cantates ; ce roi populaire eut ses enthousiastes. Un poète rouennais — on trouverait son nom dans les journaux de l'époque, — publia un poème en l'honneur du roi citoyen. Il exprimait ainsi l'attente passionnée de ses compatriotes, avant l'arrivée du roi :

A parler de Philippe on sentait naître un charme ;
Pour la lui présenter on polissait son arme :
L'industrieux Cauchois, sous son chaume, le soir,
Préparait sa famille au plaisir de le voir...

Tout à coup le roi paraît :

Le Roi ! Vive le Roi ! Le voici, c'est lui-même !
Sa tête ici n'est point ceinte d'un diadème...
A cheval, précédant les princes, ses deux fils,
Un frac est sa parure, un chapeau ses rubis...

Le journal légitimiste par excellence, *la Mode*, ne put souffrir un lyrisme pareil. Les amis de la branche aînée firent des gorges chaudes sur le poème et sur l'auteur. Le vicomte Walsh, directeur de *la Mode*, voulant écraser l'auteur rouennais sous une injure mortelle, s'écria dans son premier-Paris :

— Cela ne rappelle-t-il pas Victor Hugo ?

*
* *

Rien de plus acharné que les haines littéraires. Croirait-on que Victor Hugo a failli être assassiné ? Voici l'histoire qu'il nous a contée :

Un peu après la Révolution de Juillet, il demeurait dans une petite maison des Champs-Élysées, près de la Seine, à peu près à la hauteur du pont des Invalides. La fenêtre de son cabinet de travail était située au second étage; le bureau, devant lequel il écrivait, était parfaitement visible du dehors.

Un soir, après une assez longue promenade, le poète rentra pour fixer ses pensées sur le papier. Il écrivait en ce temps-là *les Feuilles d'automne*.

Une détonation se fait entendre, une vitre vole en éclats, une balle siffle, passe au-dessus de la tête du travailleur et va percer au mur un tableau de Louis Boulanger.

Victor Hugo alla réfléchir dans son lit à ces nouveaux procédés de critique.

* * *

Si la colère allait jusqu'au meurtre, on peut supposer que les lettres recevait le poète à cette époque de fièvre. Il fallait se défaire du chef du romantisme, de celui à qui l'on attribuait la devise stupide : « Le laid, c'est le beau. » On lui écrivait des billets dans ce genre :

« Si tu ne retires pas ta sale pièce, on te fera passer le goût du pain. »

Un classique convaincu, auteur dramatique dont Victor Hugo n'a jamais voulu nous dire le nom, le provoqua en combat singulier, « pour sauver l'honneur des lettres », disait-il.

Ce qu'il y a de certain, c'est que les amis du poète, qui n'avait pas voulu porter plainte contre le pistolet des Champs-Élysées, se serrèrent autour de lui. Les colères qu'il excitait furent balancées par des amitiés passionnées. Gérard de Nerval et Petrus Borel lui présentèrent Théophile Gautier; il se forma autour de lui un cénacle de jeunes gens qui le gardaient sans qu'il s'en doutât. Leur plus grand bonheur était d'accompagner le poète le soir, au sortir du théâtre ou d'une visite. On soulevait des questions littéraires si attachantes, qu'arrivés aux Champs-Élysées, on revenait jusqu'à la place Royale, et ces allées et venues duraient quelquefois jusqu'à ce qu'on vît paraître le jour.

Comment pourrait-on s'étonner des agissements des ennemis de la première heure, quand, arrivé au faîte de la gloire, — entré vivant dans l'immortalité — Victor Hugo trouve encore des insulteurs et des adversaires? Leurs lettres sont ordinairement mises au panier, à moins qu'elles ne soient amusantes. Le poète se divertit beaucoup à se voir traité de Gribouille ou de Lacenaire.

∗

On sait comment Victor Hugo obtint du roi Louis-Philippe la grâce de Barbès, après l'insurrection de 1839. Le poète était entré à l'Opéra pour y entendre un acte de *la Esméralda*, dont il avait écrit les paroles pour Mlle Louise Bertin. Il y était depuis quelques minutes, quand M. de Saint-Priest, pair de France, l'aborda.

— Nous venons, lui dit-il, de faire une triste besogne.

— Laquelle?

— La cour a jugé et condamné Barbès. Il sera probablement exécuté demain matin.

— Si vite ?

— C'est l'usage ; les jugements de la cour des pairs sont sans appel.

Victor Hugo monta au secrétariat du théâtre et y prit une feuille de papier sur laquelle il écrivit ces vers au roi :

> Par votre ange envolée ainsi qu'une colombe,
> Par ce royal enfant, doux et frêle roseau,
> Grâce encore une fois ! Grâce au nom de la tombe !
> Grâce au nom du berceau !

Ce n'était pas le tout que d'avoir écrit ces vers, il fallait les faire parvenir à leur adresse. Victor Hugo y réussit après mille difficultés ; son nom, écrit sur l'enveloppe, attira l'attention de l'aide de camp de service qui osa prendre sur lui de réveiller le roi.

Louis-Philippe répondit au poète :

« La grâce est accordée : il ne me reste plus qu'à l'obtenir. »

En effet, le conseil des ministres s'opposait de toutes ses forces aux mesures de clémence, et ce ne fut qu'après un long débat que la volonté du roi prévalut.

Barbès n'eut l'occasion de remercier Victor Hugo

de son intervention que vingt-trois ans plus tard. Mais, pour être tardif, le remerciement n'en fut pas moins sincère.

*
* *

Le roi dit à Victor Hugo, et peut-être aussi une belle dame :

— Vous travaillez d'une façon trop assidue. On ne vous rencontre pas assez dans le monde. Je tiens à vous voir au prochain bal des Tuileries.

« Je promis d'y aller, nous dit le poète, mais avec l'appréhension qu'il m'arriverait quelque chose.

Le soir venu, j'endosse mon costume de pair de France ; je mets toutes mes décorations. J'étais assez embarrassé de cet attirail. J'arrive aux Tuileries ; ma voiture prend la file ; nous avancions fort lentement.

Une bande de gamins se faufilaient entre les jambes des chevaux des dragons qui faisaient la haie ; ils venaient dévisager par les vitres des portières les invités qui se rendaient au bal. Je vois arriver à moi Gavroche, — Gavroche lui-même ! — qui me regarde, part d'un éclat de rire et s'écrie :

— Oh ! c'marquis !

« C'était bien fait pour moi, » ajoute Victor Hugo en riant au souvenir de cette aventure.

***

Victor Hugo nous a conté une histoire qui remonte à plus de trente années, et qu'il n'aurait peut-être pas voulu dire plus tôt.

Le roi Louis-Philippe et le duc d'Orléans l'aimaient fort et lui reprochaient de ne pas venir assez souvent à leurs « cheminées », nom qu'ils donnaient à leurs soirées intimes, pour lesquelles il régnait entre le père et le fils une petite rivalité. Disons en passant que cela se termina par un coup d'État du roi, qui dit un jour au duc :

— Il ne doit y avoir aux Tuileries d'autre cheminée que la mienne.

Donc, le poète arrivait un soir à la cheminée du roi, quand celui-ci, le prenant par le bras, l'entraîna dans une embrasure de fenêtre, et lui dit:

— Venez, que je vous conte une bonne histoire.

Le roi Philippe aimait en effet les petits scandales et les anecdotes salées. Je ne parle pas des chansons de M. Vatout, qui devait sa faveur à la façon dont il chantait le *Maire d'Eu* et l'*Écu de France*. Il faut que le « roi s'amuse », et il n'y a pas grand mal à cela.

Le roi était d'autant plus réjoui de l'aventure

qu'il allait divulguer, qu'elle compromettait son premier ministre, président du conseil, M. G..., dont l'austérité était bien connue. Austérité n'est pas un mot suffisant. La pudibonderie du grave huguenot, sa gravité, la sévérité de son costume, toujours tiré à quatre épingles, sa physionomie impassible, sa parole froide et mesurée étaient la satire de la bonhomie et de la gaieté qui régnaient souvent à la cour. Le prendre en faute, quelle joie ! Or, voici ce que le roi raconta :

« La veille au soir, il y avait eu conseil aux Tuileries. La réunion s'était prolongée jusqu'à une heure avancée. On attendait d'Espagne des dépêches importantes, relatives peut-être au mariage du duc de Montpensier. Vers les minuit, on se lassa d'attendre. M. G... prit congé du roi, qu'il quitta le dernier.

Tout le monde se coucha. Vers les deux heures du matin, le courrier attendu arrive aux Tuileries. On réveilla le roi, selon la recommandation qu'il avait faite. Les dépêches étaient d'une importance extrême, et le roi jugea utile de les communiquer sans retard au président du conseil. Un aide de camp monta à cheval et partit au galop pour aller chercher M. G...

Un quart d'heure après, il revenait aux Tuileries. M. G... n'était pas rentré chez lui. Pas rentré chez lui ! C'était improbable, impossible ! On ne pouvait supposer une chose pareille. L'aide de camp repartit avec de nouveaux ordres. Cette fois, il ne constata pas simplement l'absence du diplomate; il interrogea les gens de sa maison.

Un vieux valet de chambre, intimidé et craignant d'encourir la colère du roi, confia à l'aide de camp que M. G..., quelquefois, — quelquefois seulement, — allait prendre le thé, avant de rentrer, chez Mme la princesse de L..., qui occupait une haute position dans la diplomatie.

L'aide de camp revient aux Tuileries, ne se croyant pas autorisé à de plus grandes indiscrétions.

— Allez chez la princesse, dit le roi, et ne revenez pas sans M. G.... Il me le faut absolument.

L'officier obéit. Chez la princesse, ce fut une autre affaire. On lui répondit d'abord qu'elle était couchée. Il fit valoir le nom du roi et les ordres qu'il avait reçus. Enfin, un domestique s'émut et consentit à aller voir si, par hasard, M. G... n'était pas en conférence avec Mme la princesse. Il revint au bout de quelques instants pour dire que M. G..., qui s'était en effet attardé dans sa visite, allait se rendre auprès du roi.

L'aide de camp partit, enchanté de son succès.

Dix minutes après, M. G..., un peu essoufflé, quoiqu'il fût venu en voiture, se présentait au roi et prenait connaissance des dépêches espagnoles.

Le roi le regardait lire. La figure du ministre était calme, sereine et d'une impassibilité complète. Son costume était absolument correct, sauf un détail, un seul. Son gilet, comme si on l'eût fermé précipitamment et sans y regarder, était irrégulièrement boutonné et descendait d'un côté plus bas que de l'autre.

Et il n'était pas rentré chez lui ! »

LA MAISON

Victor Hugo nous a prévenus que nous allions dîner avec un cocher de fiacre. C'était un jour de réunion littéraire. Trois ou quatre poètes, Leconte de Lisle, Théodore de Banville, Catulle Mendès, étaient assis à la table du Maître. Le cocher entre —, un homme de quarante ans, d'une bonne figure — et remercie Hugo du grand honneur qu'on lui fait. On le place à côté de la maîtresse de la maison. Il est discret, réservé, a le mot pour rire et n'en abuse pas; on voit qu'il est habitué à conduire des gens comme il faut. Au dessert, entre la poire et le fromage, il demande à dire quelques vers en l'honneur et gloire du maître. Comment donc !

L'excellent homme se lève et nous dit une chanson en trois couplets, qui obtient beaucoup de succès. On applaudit, mais on ne répète pas le refrain, ce qui jette un froid. On croit que le chansonnier va se rasseoir; pas du tout, il continue par une élégie, et poursuit par une cantate. Grisé par les applaudissements qu'on lui prodigue et dont Victor Hugo donne le signal, il ouvre un gros portefeuille et y prend des feuilles volantes, l'une après l'autre, en disant : Encore celle-ci ! d'un accent si cordial qu'on ne peut lui résister.

Les vers, il faut le dire, sont remplis de bons sentiments, mais cela dure depuis une demi-heure, et il n'y a pas de raison pour que cela finisse.

Les dames lèvent vers nous des regards suppliants, à l'insu de Hugo, car il resterait à table jusqu'à minuit plutôt que de désobliger son hôte. Nous nous regardons; une conspiration s'organise. A la suite d'un hymne patriotique, les applaudissements éclatent avec une telle intensité et une telle persistance que l'orateur en perd la parole !

La maîtresse de la maison en profite pour se lever; c'est le signal d'une désertion générale. On passe dans le salon rouge, et le chansonnier se décide — un peu à regret — à remettre son gros portefeuille dans sa poche.

On a beaucoup parlé de la visite que l'Empereur

du Brésil fit à Victor Hugo il y a une dizaine d'années. Le poète habitait à cette époque la rue de Clichy. Tant de versions ont été publiées à cet égard qu'il est peut-être utile de donner la nôtre.

Il y eut, avant tout rapprochement, des pourparlers diplomatiques intimes. Le ministre qui accompagnait le souverain fit demander à Victor Hugo s'il lui conviendrait d'avoir une entrevue avec l'Empereur, qui désirait fort le voir. Le poète répondit qu'il serait charmé de recevoir l'auguste voyageur.

Le ministre jugea qu'il ne serait pas dans l'étiquette que son souverain rendît une visite comme un simple bourgeois, et proposa une rencontre dans les bureaux du Sénat. Victor Hugo s'y accorda volontiers, mais le jour où l'Empereur fit le voyage de Versailles, le Sénat n'avait pas de séance, et Victor Hugo était resté à Paris.

Il n'y avait de mauvaise volonté d'aucune part. Comme cette diplomatie se prolongeait, Victor Hugo répondit au dernier envoyé que « don Pedro d'Alcantara » serait le bienvenu chez lui, et qu'on ajouterait un couvert s'il avait la bonne idée de venir à l'heure du dîner.

Quelques jours après, sur les huit heures et demie du soir, Victor Hugo était à table avec quelques amis, quand on sonna. La porte s'ouvrit, on vit apparaître un homme de haute taille et d'apparence militaire, vêtu d'une très longue redingote. Une belle tête bienveillante, un peu émue de l'étonnement que causait son arrivée.

Un monsieur très bien mis et d'une figure intelligente, en grande tenue de soirée, l'accompagnait.

Le premier arrivé, un moment interdit, s'inclina en disant :

— Vous ne me reconnaissez pas ?

Mme Drouet, assise à l'autre bout de la table, s'écria :

— Vous êtes l'Empereur du Brésil !

— Précisément, fit le visiteur, qui salua les femmes et s'avança vers Victor Hugo qui s'était levé pour aller au-devant de lui.

Il ne fallut pas ajouter un couvert, mais deux ; car l'Empereur présenta son ministre au poète, et on se serra pour leur faire place.

On causa beaucoup et de mille choses. L'Empereur exprima à Victor Hugo son affection et son admiration ; le poète déclara qu'il était fort heureux qu'il n'y eût pas beaucoup d'empereurs semblables, parce que leur bonne grâce leur ferait trop de partisans.

On s'occupa du Brésil ; le ministre parla en français élégant et facile ; il nous raconta les richesses et les beautés de son pays avec une éloquence réelle. L'Empereur parlait moins, mais très à propos et avec beaucoup de tact ; un très léger accent étranger perçait dans son langage, et n'avait rien de désagréable.

Il nous raconta, entre autres histoires, une surprise qu'il faisait à peu près tous les ans à ses députés. Le palais impérial de Rio de Janeiro n'est point une merveille d'architecture ; il est traversé par une rue qui le coupe en deux, et l'on est obligé de passer par un pont couvert pour aller d'une de ses parties dans l'autre.

A la discussion du budget, le ministre se plaint de cet état de choses ; la Chambre, quoiqu'elle trouve l'Empereur beaucoup trop libéral, vote ordinairement deux millions pour amélioration et reconstruction du palais.

L'Empereur touche les deux millions et fait immédiatement bâtir des Écoles. La Chambre boude et ne s'y laisse plus prendre, que l'année suivante.

Passons sous silence l'espièglerie d'un poète qui, ayant quelque teinture du portugais, nous affirma que Don Pedro de Alcantara pouvait se traduire littéralement par M. Pierre Dupont. L'Empereur était un si charmant convive que personne ne se servit de ce nom irrévérencieux. Toutefois, presque tous les invités l'appelèrent « Monsieur », tandis que Victor Hugo, par un raffinement d'hospitalité, lui disait sans difficulté « Sire ». Les femmes aussi.

On passa au salon, puis on revint plus tard dans la salle à manger. Car tous les soirs, de onze heures à minuit, on servait un ambigu, composé de liqueurs, de confitures et d'oranges, qui n'était en réalité qu'un prétexte à causerie. Ordinairement, ce couronnement de la soirée durait une demi-heure ; l'Empereur le fit durer jusqu'à deux heures et demie du matin. Quand quelqu'un se levait pour partir, il demandait si c'était sa présence qui faisait fuir les gens, — et l'on se rasseyait par politesse et par plaisir.

Cette soirée est assurément une des meilleures qu'on ait passées dans le salon de Hugo, où pourtant les fêtes n'étaient pas rares.

Le lendemain, l'Empereur revint seul, sur les deux heures de l'après-midi. Il monta jusqu'à l'appartement du poète — deux étages au-dessus de l'entresol, — et fut accueilli comme un ami. Il dit à Hugo, en entrant :

— Je suis un peu timide ; encouragez-moi, je vous prie.

Les petits-enfants du poète étaient là.

L'Empereur les embrassa et cajola surtout la petite Jeanne ; il la prit sur ses genoux et la pria de lui passer les bras autour du cou.

— Vous êtes bien heureuse, lui dit-il, d'avoir un pareil grand-père.

Il y eut un second dîner à l'occasion de cette

visite impériale, mais un dîner prié, auquel des hommes politiques et des journalistes assistèrent. Il fut moins gai que le premier.

*
* *

Victor Hugo — matière politique mise à part — n'était pas un justicier bien terrible. Il pardonnait volontiers aux repentants ; n'y a-t-il pas plus de joie au ciel pour un pécheur réconcilié que pour un juste imperturbable ?

Nous ne ferons pas intervenir M. Francisque Sarcey à l'appui de ces paroles, mais il sait à quoi s'en tenir. L'indulgence du poète était absolue, quand on ne heurtait pas certains points de doctrine ou de croyance sur lesquels il ne cédait rien.

Aussi faisait-il peu d'exécutions. Sa maison était tellement hospitalière qu'il ne l'interdisait à personne. Pas de proscrits. Cette bienveillance extrême avait ses dangers. On voyait quelquefois arriver, les jours de grande réception, des figures peu connues ou de mauvais aspect. Elles profitaient de la liberté d'aller, de venir, et de se grouper pour se placer dans des coins ou se mêler à des conversations intimes. Quelques-uns de ces intrus prenaient des notes et écrivaient à peu près toute la soirée. Comment avaient-ils été admis ? Par qui avaient-ils été présentés ? On l'ignorait.

Victor Hugo saluait de confiance les gens qui l'abordaient.

Mais les dames s'offusquaient quelquefois de l'effronterie de ces malavisés. Ils ne disparaissaient que devant l'ostracisme dont on les frappait. On se taisait à leur approche; on évitait de les rencontrer; on leur tournait vaguement le dos; on n'acceptait pas leur main tendue. La plupart finissaient par comprendre. Quelques-uns, étrangement obstinés, ne comprenaient pas.

Les choses allèrent si loin qu'un jour un entrepreneur de voyages à prix réduits, après une vague lettre d'avis, introduisit dans le salon du maître toute une colonie anglaise. Ceci dépassait la mesure; avec une grâce parfaite, Victor Hugo n'en fit pas porter la peine à ces touristes naïfs; mais leur cornac fut congédié avec une dureté méritée.

— Croyez-vous donc, monsieur, qu'on montre Victor Hugo comme une curiosité?

C'étaient les rares nuages de ces réceptions si cordiales et si charmantes.

*
* *

La bonté de Victor Hugo est extrême; je ne pense pas que jamais il ait fait sciemment de la peine à quelqu'un, à moins qu'il ne considérât comme un devoir la sévérité ou la colère.

Il applaudit fort un jour à un vers qu'on cita devant lui et dont il voulut connaître l'auteur :

> Quand on n'est pas trop bon on ne l'est pas assez.

Son chat, un magnifique angora, a l'habitude de s'asseoir de préférence sur le fauteuil que se réserve Victor Hugo, au côté gauche de la cheminée.

Quand le poète arrive et qu'il trouve la place prise, il adresse à voix basse quelques observations au chat, qui est, à vrai dire, l'enfant gâté de la maison. Le chat cède quelquefois, quelquefois il résiste.

Victor Hugo lui cède alors le fauteuil disputé, jusqu'à ce qu'un ami fasse un coup d'Etat et détrône le matou au profit du poète.

*
* *

Victor Hugo, de tout temps amateur de curiosités, parle avec amertume du pillage auquel fut livrée sa maison quand, après le coup d'État, le mobilier qu'il possédait rue de la Tour-d'Auvergne, fut vendu aux enchères. Il semblait même en vouloir un peu aux amis qui, comme moi, avaient cherché à rassembler quelques épaves, pour les garder comme souvenirs.

L'Empire, ou plutôt le zèle de ses fonctionnaires, donna à cette liquidation forcée l'apparence d'une dévastation ; on déchirait de magnifiques tentures en vieux cuir de Cordoue, à l'aventure, de façon à en faire des ballots informes et à leur ôter leur valeur ; on saccageait l'ameublement avant de le vendre.

Au nombre des raretés offertes au public se trouvait une boussole de cuivre portant la date de 1489 et le nom de *la Pinta*. Les yeux de Christophe Colomb s'étaient fixés sur cette boussole ! elle avait découvert l'Amérique trois cents ans avant que la France découvrît la liberté. Ce rapprochement de dates, 1489-1789, était singulier. La boussole disparut entre deux vacations. Comme on la réclamait le lendemain, un des commissaires vendeurs dit : « Bah ! cela n'avait aucune valeur ; quelqu'un l'aura emportée. » Victor Hugo connut plus tard le voleur, mais la boussole ne fut pas rendue.

Théophile Gautier écrivit dans *la Presse* au sujet de cette vente :

« Espérons que les nombreux admirateurs du poète s'empresseront à cette triste vente qu'ils auraient dû empêcher en achetant, par souscription, le mobilier et la maison qui le renferme, pour les rendre plus tard à leur maître, ou à la France, s'il ne doit pas revenir. En tout cas, qu'ils songent que ce ne sont pas des meubles qu'ils achètent, mais des reliques. »

C'était fort bien dit, mais Théophile Gautier en parlait à son aise. Il n'était pas facile d'ouvrir une souscription à cette époque, et comment les amis du proscrit, traqués, poursuivis, surveillés, auraient-ils pu se concerter? Ils ne pouvaient agir qu'individuellement.

J'emportai de cette glorieuse maison un grand divan brodé en tapisserie de soie, qu'on vendit comme étant l'ouvrage de Mme Victor Hugo et de ses filles; des assiettes de la Chine et du Japon, que j'ai conservées, et une arbalète suisse du XVe siècle, qui donnait une fière idée de la force physique des archers du moyen âge, car elle était aussi difficile à bander que l'arc d'Ulysse.

Je l'offris en étrennes, trente ans plus tard, à mon ami Georges Hugo, et le grand père revit avec plaisir cette arme qui avait décoré son ancien logis.

***

M. et Mme Armand Gouzien sont venus saluer Victor Hugo à son retour de Guernesey. M. Gousien est un très aimable homme dont l'esprit est ouvert comme le caractère et qui n'engendre aucune espèce de mélancolie. Il est arrivé les mains vides, mais il avait dans sa poche une curiosité sans pareille, une bouteille de vin de Tenedos ! Jugez si l'on a parlé des poètes de jadis ! Le maître a rempli son verre de cette liqueur étrange et nous a dit :

> Ce grand vin, du passé nous arrive, ô merveille !
> Des poètes latins imitons les leçons :
> Virgile a commencé pour nous cette bouteille,
> Et nous la finissons.

Mais où donc Armand Gouzien avait-il pu prendre ce vin de Tenedos? C'est un point qui n'a pas été éclairci.

*
* *

Victor Hugo, bien avant l'exil, s'était fait une réputation d'hospitalité légendaire. Une des chambres hautes de sa maison était à la disposition des gens de lettres battus par la tempête, et avait pris le nom de « radeau de *la Méduse* ». Toutefois, pour l'habiter, il fallait être un peu l'ami de la maison. Mais quel homme de quelque valeur ne méritait pas ce titre ? Qui n'était pas venu se réchauffer à la bienveillance du poète et serrer sa main toujours tendue ? Il était, dès ce temps, le foyer de vie et de lumière, et les jeunes talents venaient à lui.

Une seule obligation était imposée aux hôtes du

radeau qui était d'ailleurs confortablement aménagé : celle d'être exacts aux heures des repas.

. Dans cette mansarde, logèrent successivement Gérard de Nerval, Édouard Ourliac et même Honoré de Balzac; mais ce dernier n'y vint guère qu'en amateur. Alexandre Dumas, à la même époque, habitait la prison pour dettes de la rue de Clichy, qu'il dota d'un magnifique fourneau.

*
* *

Les Américaines sont des femmes excessives, et quand elles se mêlent d'être jolies, elles en abusent. Il est venu ce soir une miss qui écrit dans les journaux, à ce qu'il paraît, et qui a obtenu un grand succès de beauté et de grâce. Le poète lui a dit les plus jolies choses du monde et l'a beaucoup regardée.

Au reste, cette galanterie lui est toute naturelle ; même il l'exerce, avec une effusion méritoire, vis-à-vis de vieilles amies qui se parent pour lui du charme des souvenirs. Beaucoup de ces belles dames d'antan écrivent souvent au maître, pour lui demander des faveurs de toute sorte: autographes, protection, apostilles, etc., etc. Mme Drouet ouvre ces lettres en fronçant un peu le sourcil. Et quelle façon un peu hautaine de faire passer au poète les lettres ouvertes sur lesquelles elle jette à peine un coup d'œil.

— Tenez, monsieur, c'est de madame une telle. Vous savez que vous n'avez rien à lui refuser.

**

Victor Hugo a toujours voulu être servi par des femmes, et son service est fort doux, car il les défend contre toutes les réprimandes et toutes les gronderies. Jamais de domestiques mâles. Il s'accorde sur ce point avec Alexandre Dumas père, qui ne voulait voir autour de lui que de jolies femmes. Dieu sait les cuisines qui en résultaient Desbarrolles peut en dire quelque chose. Victor Hugo n'y met point autant de raffinement. Il s'inquiète peu des conditions d'âge, et son office est dirigé le plus souvent par des cordons bleus distingués. Il les traite avec une indulgence extrême et fait valoir leur mérite aux yeux de ses invités. Pourtant il ne prend point de part active au gouvernement de son ménage, abandonné aux maîtresses de la maison.

**

Il nous arriva une visite grave; c'était, autant qu'il m'en souvient, un ministre du saint Évangile, qui venait de loin et qui n'avait pas voulu passer par Paris sans saluer Victor Hugo. Un homme correct, d'ailleurs, et qui avait des prétentions littéraires.

Il nous donna comme étant de lui ce vers :

> Clochers silencieux montrant du doigt le ciel...

Victor Hugo fit remarquer que ce vers se trouve cité dans l'œuvre de Théophile Gautier, qui lui-même le donne comme traduit

> ... de Wordsworth, ce poète
> Dont parle Lord Byron d'un ton si plein de fiel.

Le pasteur n'en insista pas moins à affirmer sa paternité française.

Vers les minuit, comme c'était l'habitude avant le voyage de Guernesey en 1878, les assistants, avant de prendre congé du poète et de sa famille, se réunirent autour d'une table sur laquelle étaient servis du café, du thé, des vins et des liqueurs. Victor Hugo se composait une boisson étrange dans un grand verre qu'il remplissait absolument de sucre jusqu'au bord, et qu'il mouillait ensuite de vin de Bordeaux. Ce sirop lui plaisait fort, et l'on en prenait un peu par imitation. C'est au milieu des causeries de la dernière heure que le pasteur, qui méditait depuis un moment, demanda brusquement au poète :

— Maître, quelle est, selon vous, la définition absolue du mal ?

Cette question tomba comme un pavé, et faillit briser tous les verres dans les mains des convives. Le poète avait écrit :

> Le mal est une énigme étrange,
> Faute d'orthographe de Dieu.

Mais la citation eût été inopportune, et, se relevant du coup qui l'avait frappé comme nous, Victor Hugo répondit :

— Monsieur, le mal absolu serait de ne pas boire, à l'heure qu'il est, à la santé de ces dames.

*
* *

Nous avons dîné avec M. Préveraud, un ami de l'exil, un petit homme à la fois vif et doux, qui a peu parlé, mais qui a laissé raconter par Victor Hugo et Mme Drouet des histoires à sa louange.

La plus curieuse a été dite par le Maître lui-même. La petite taille de Préveraud lui permit de passer en Belgique sous un costume de femme; il fut, pendant toute la route, l'objet des galanteries assidues d'un gendarme qui lui pinçait avec enthousiasme les genoux, pour ne pas dire autre chose. Préveraud se retenait à quatre pour ne pas le jeter par la fenêtre, et ses compagnons tremblaient de voir la chose mal finir.

*
* *

Le fugitif avait déjà failli se trahir en sortant de sa cachette pour se rendre au chemin de fer. Il grommelait sous le voile épais qui lui cachait le visage, et prenait une allure peu convenable pour une femme. On ne cessait de lui recommander de marcher à petits pas ; l'ami qui lui donnait le bras n'était occupé qu'à le retenir. On allait à pied. Tout à coup un grand bruit se fait entendre ; c'est un cheval qui s'abat sous les brancards d'une voiture lourdement chargée, un de ces mille accidents qui arrivent journellement à Paris. Préveraud jette son manchon et se précipite pour aider à relever la voiture.

On le retient, on le contient... — Eh ! madame, y pensez-vous ? — et l'on obtient à grand'peine qu'il continue sa route. Or, l'excellent homme, coupable d'avoir défendu les lois de son pays, était condamné à mort.

*
* *

Pendant l'exil, Préveraud montra à Victor Hugo une affection et un dévouement exceptionnels.

Lorsqu'on expulsa le poète de Jersey, on répandit le bruit que des perquisitions allaient être faites au domicile des exilés. Victor Hugo avait à mettre ses manuscrits en sûreté ; on ne savait trop comment faire.

Le soir même on voit arriver une voiture à bras, traînée par un affreux commissionnaire ; c'était Préveraud qui venait chercher les manuscrits lui-même, et qui en répondait.

Il chargea une grande malle sur sa voiture et disparut par des sentiers peu fréquentés. D'ailleurs, on en fut quitte pour la peur, et la malle rentra intacte dans les mains du poète.

A l'époque de l'apparition des *Misérables*, Préveraud s'éprit de cette œuvre magnifique et témoigna son admiration avec une telle effusion de cœur, que Victor Hugo, touché mais embarrassé, voulut mettre une sourdine à ces éloges. Il s'ensuivit une discussion assez étrange entre un enthousiaste qui portait le livre aux nues, et l'auteur du livre, qui voulait modérer cet emportement.

— Tenez, dit enfin Préveraud poussé à bout,

tenez, je vous plains ; vous n'avez jamais rien compris à cet ouvrage !

*
* *

Une princesse polonaise est venue voir le maître. Ah ! la jolie princesse ! Elle s'appelle, ou peu s'en faut, Marie Kloch de Kornitz. Nous avons vu entrer une apparition céleste d'une blancheur éblouissante, avec des bottines de satin blanc, des gants blancs, des voiles blancs, des dentelles blanches... la dame était plus blanche encore.

Victor Hugo parût enchanté de toutes ces neiges. La princesse a daigné nous expliquer qu'elle avait été vouée au blanc par le pape Pie IX, et qu'elle ne saurait porter un objet d'une autre couleur, fût-ce une rose, sans commettre un sacrilège.

— Et quoi ! mademoiselle, a demandé Victor Hugo, vous ne rougissez jamais ?

A ce mot, elle nous a prouvé le contraire ; puis elle a tiré d'un petit sac blanc un rouleau de papier blanc, en souriant de façon à montrer de petites dents blanches.

Cette princesse des contes de fées a fait un drame, un drame noir, — mais aussi pourquoi se servait-elle d'encre ? — Elle en a lu quelques actes au maître, qui en a paru charmé et lui a baisé la main jusqu'au coude.

Le drame ne m'a pas extrêmement frappé. C'est peut-être que je regardai lire.

* * *

Un monsieur, qui appelait assez malhonnêtement Victor Hugo l'HÉRÉTIQUE RÉVOLUTIONNAIRE, se présenta chez lui vers la fin de 1884, et sollicita une audience dans laquelle, disait-il, il avait de grandes vérités à lui révéler.

— Faites entrer la Vérité, répondit le Maître.

Le visiteur avait refusé de décliner son nom. Mais il n'en avait que pour cinq minutes, et son apparence était celle d'un honnête ecclésiastique, illuminé toutefois.

L'abbé entre et déclare se nommer Torné de Chavigny.

Victor Hugo l'accueille poliment.

— Veuillez, lui dit l'abbé, m'entendre parler cinq minutes d'un vieil auteur que j'étudie depuis seize ans.

Le prêtre tire alors de sa poche un vieux petit volume usé sous ses doigts ; ce sont *les Centuries de Nostradamus*.

Il en lit plusieurs quatrains qui prouvent, clair

comme le jour, que Victor Hugo et Nostradamus s'entendent comme larrons en foire. — Nostradamus a écrit :

> De robe simple parviendra en Empire ;
> De robe courte parviendra à la longue...

Et vous, Monsieur, qu'avez-vous dit dans *Hernani* ?

> Venez donc recevoir et le sceptre et le globe ;
> Le Saint-Empire, ô Roi, vous revêt de la robe...

Nous allions nous réjouir pour Charles-Quint de cette heureuse coïncidence, mais il paraît qu'il s'agit de Napoléon Ier.

— Depuis 1860, continue l'abbé, je vous cite dans mes ouvrages. J'ai démontré que Nostradamus a pris son portrait de Richelieu dans *Marion de Lorme*, à moins que vous n'ayez pris votre portrait de Richelieu dans *les Centuries*.

On se figure difficilement Nostradamus consultant le drame de Victor Hugo pour écrire ses bavardages ; l'accusation de plagiat était presque directe.

Victor Hugo répondit un peu sèchement :

— Je ne connais rien des écrits de Nostradamus.

Nostradamus était donc le plagiaire. Victor

Hugo donna la main au bon abbé et consentit à le revoir le lundi suivant.

Il y gagna. L'abbé se présenta, armé de toutes pièces, je veux dire de mille citations, pour prouver l'infaillibilité de son prophète. Avec une courtoisie admirable, il avoua que c'était Nostradamus qui, par une prescience peu commune, avait copié Victor Hugo en vingt endroits. Le maître déclara qu'il ne lui ferait pas de procès ; la question de dommages-intérêts eût été difficile à résoudre.

Il faut dire que l'abbé amusait fort les dames présentes à ces entretiens. Victor Hugo s'y prêtait avec sa bienveillance ordinaire, curieux de l'habileté avec laquelle l'abbé tournait, expliquait et traduisait les textes de Nostradamus pour les accorder aux vers de *Marion* ou des *Burgraves*.

Malheureusement M. de Chavigny ne se contenta pas de ce succès d'estime et de gaieté. La politesse de Victor Hugo le trompa ; il crut l'avoir dompté, et s'en vanta dans une petite brochure qu'il publia sur cet entretien.

« Ce n'est pas à sa courtoisie, dit l'abbé, que je dois d'avoir pu condamner devant lui la Révolution et glorifier la Légitimité. Il reconnaissait déjà, dans une certaine mesure, l'autorité d'une parole qui n'est pas d'un homme, mais de Dieu. Il s'était tenu affaissé auprès de moi, sur le même canapé.

Il avait eu des éclairs dans le regard à certaines de mes paroles : il me reconduisit, et sa contenance était telle, qu'elle frappa la fille de service (!). »

Bon abbé ! Est-il donc revenu voir la fille pour le savoir ? Ah ! comme M. Renan l'avait mieux compris ! Il avait laissé l'abbé parler pendant une heure, deux heures, trois heures, tant qu'il voulut ; après quoi il lui déclara que « tout cela était fort curieux ».

Il est bon de voir quels pièges sont tendus aux poètes, et l'abîme où peut entraîner un excès d'indulgence. M. Torné de Chavigny revint chez Victor Hugo, avec des visées plus hautes : il voulait le rallier au trône et à l'autel et le convertir de fond en comble.

— Vous reviendrez au Dieu des catholiques, quand Henri V régnera, dit-il.

Cette prédiction ne compromettait guère le bon homme.

Le Dieu des catholiques parut fâcheux au poète, qui répondit :

— Mon Dieu est le vôtre ; il n'y en a pas deux. Dieu est une étoile que je vois de mes yeux, et que d'autres ne peuvent voir qu'à l'aide d'un instrument ; une religion définie tombe toujours dans l'absurde.

L'abbé eut encore moins de succès à défendre le Pape et l'Eglise ; il partit assez mécontent. Il garda une longue rancune à Victor Hugo de son incrédulité et l'accusa d'avoir dit à M. Chaderut, du *Siècle* :

— Si je voyais Dieu en face, je lui cracherais au visage.

Paroles possibles, mais que l'abbé expliquait tout de travers. Si elles ont été dites, chose douteuse, le poète a voulu faire comprendre qu'il aurait le droit de demander des comptes sévères à un Dieu personnel, individuel, visible, féroce et vindicatif, comme celui qu'invente l'Église.

Après avoir réuni en un petit volume ses absurdités, l'abbé Torné de Chavigny se rendit au Sénat, où Victor Hugo venait de parler contre la dissolution. Voici comment il rend compte de cette dernière rencontre :

« Je montai dans le tramway, en face de M. Victor Hugo. La dame qui était avec lui me reconnut, et lui aussi sans doute, car il tint constamment les yeux baissés, ce qui m'empêcha de lui adresser la parole. En descendant, je lui dis tout bas :

— Me reconnaissez-vous ?

— Oui.

— Acceptez-vous cette brochure : « Ce qui sera ? »

— Oui.

Il la glissa rapidement dans son portefeuille. Je

le rendis à la liberté en m'éloignant. J'aurais voulu lui dire :

— Nostradamus a entendu, il y a trois cents ans, les paroles que vous venez de prononcer. »

Et l'abbé conclut de tout cela, car il faut conclure, que Victor Hugo pourrait bien être LE DIABLE.

*
* *

On ne saurait imaginer la violence de l'émotion qui s'empare de la plupart des gens, quand ils abordent Victor Hugo pour la première fois. Il faut avoir le cœur et la tête solide pour y résister. Nous y avons passé nous-même, et quand il me fit asseoir sur le canapé de la rue Pigalle, je lui dis franchement : « Excusez-moi, je ne peux pas parler. »

Ce magnétisme que Victor Hugo exerce sur ceux qui l'approchent date de sa première jeunesse. Nous avons dit ses tyrannies de collège ; ses partisans les plus ardents, ceux qui devaient devenir ses meilleurs amis, n'échappèrent pas à cette influence. Théophile Gautier raconte que, s'étant fortifié le cœur, il se rendit chez le poète, monta l'escalier, s'arrêta devant sa porte, considéra le cordon de sonnette et s'enfuit comme un voleur.

Charles Monselet, arrivé à Paris en 1847, attendit trente ans le courage nécessaire à cette rencontre, et j'eus l'honneur de le présenter au maître.

Hippolyte Briollet, du *Tintamarre*, un rieur qui n'avait peur de rien, fondit en larmes quand Victor Hugo lui tendit la main ; — plus récemment, un dramaturge radical, qui mit *Claude Gueux* à la scène, Gadot Rollo, malgré sa barbe noire et sa violence marseillaise, se trouva mal en entrant dans le salon du Maître. Quelques poètes étaient là, heureusement, et, sœurs de charité, rappelèrent le jeune homme à la vie.

*
* *

Victor Hugo est d'un grand appétit ; il tient tête à ses meilleurs convives. Ce n'est que depuis deux ans qu'il mouille son vin de quelque eau minérale. Encore n'est-ce qu'après une première libation à laquelle il donne une espèce de solennité :

— Mesdames, je bois à votre santé ce pur vin de Médoc !

Sur quoi Mme Tola Dorian prend ordinairement la parole pour répondre avec l'accent russe qui lui va si bien :

— Maître, je vous remercie au nom des dames.

Le poète ne boit en effet que du vin de Bordeaux

qui doit le faire vivre cent ans, et qui tiendra parole !

Il abuse de ses dents, toutes d'une blancheur admirable. Elles lui servent à briser des noix et des amandes, malgré les protestations de ses enfants. Il mord dans les pommes à belles dents (c'est le cas de le dire) et vous donne froid dans le dos par sa façon de les croquer. Pour les oranges, c'est la même chose. Il ne prend pas la peine de les peler et les traite comme les pommes. Cela nous rappelle le moine Amador, broyant des noix grollières et imposant le respect par la façon triomphante dont il avalait à la fois le fruit et les coquilles. Le Maître n'est pas insensible à ces petits triomphes, et nul de nous n'est capable d'en faire autant.

On ne traitera pas de puérils des détails qui ont assurément leur place dans des « propos de table ». La prédilection du poète pour les plats sucrés est connue ; quand on sert des glaces, ce qui arrive fréquemment, il en a la plus grosse part. Partisan d'ailleurs d'une grande régularité de régime, il n'aime point à changer de vin, si bien qu'il laisse perdre quelquefois dans sa cave des vins rares dont ses amis lui font hommage. J'ai souvenir d'un baril de malaga extraordinaire, qui parut, s'enfouit dans le sous-sol de la maison, et dont on n'entendit plus parler.

Comme je m'en informais un jour auprès de Mme Drouet :

— Eh mais, dit-elle, nous en avons fait un remède. Il n'y a eu qu'à verser dans le baril un flacon de quinquina.

Le poëte d'ailleurs est assez indifférent au menu de ses repas. Il lui suffit qu'il y ait un plat de viande rouge, et notamment de mouton. Sa miséricorde universelle s'interrompt à cette pauvre bête qu'on défend vainement contre lui.

— Que ferait-on des moutons, dit-il, si on ne les mangeait pas?

On objecte naturellement la laine dont ils nous habillent; il ne se rendait pas à ces arguments. En revanche, il s'apitoye sur les homards, depuis qu'il les a entendus crier en entrant dans l'eau bouillante. Il n'en mange point, à moins qu'ils ne soient suffisamment déguisés pour qu'on ne puisse pas les reconnaître.

Les pigeons lui inspirent une tendresse égale. Leur rôle de messagers pendant le siège de Paris leur a valu cette bonne fortune. Mais les cuisinières ne respectent rien; quelquefois des pigeons font irruption sur sa table, rôtis ou fricassés. Tout le monde se regarde alors pour savoir celui qui va mentir. Les scrupuleux s'abstiennent, mais il y a partout des consciences faciles.

— Qu'est-ce que c'est ? demande le Maître.

— Des perdreaux ! répond Mlle Jeanne. Puisque tu vois qu'ils sont aux petits pois.

Certes, s'il y a une mauvaise raison à donner, c'est celle-là. Le Maître s'en contente. Il a bien autre chose en tête.

Quelquefois un convive, avec un peu de malice, raconte par quelles tortures on obtient les foies de canard dont le poète se régale. Il dépeint les cages obscures, à parquet de tôle chauffée, où l'on gave ces pauvres bêtes, qui, pour ne pas se brûler les pattes, sautent de l'une sur l'autre, de façon à opérer dans leur ventre un tassement utile à leur engraissement. Le Maître écoute ces détails avec horreur.

— Taisez-vous ! s'écrie-t-il, on ne devrait manger que du mouton !

**

L'Empereur du Brésil, dont j'ai raconté les visites à Victor Hugo, ne partit pas sans son autographe. Il vint le chercher lui-même ; le poète fit venir son petit-fils.

— Sire, dit-il, permettez-moi de présenter mon petit-fils Georges à Votre Majesté.

— Il n'y a qu'une majesté ici, répondit l'Empereur, et c'est la vôtre.

Victor Hugo envoya chercher le premier volume de ses œuvres, pendant que l'Empereur, pour faire valoir son érudition, lui récitait :

Jeanne était au pain sec dans le cabinet noir...

Victor Hugo avait ouvert le volume.
— Qu'allez-vous écrire ? demanda l'empereur.
— Votre nom et le mien.
— J'allais vous en prier. Voulez-vous mettre : A Don Pedro de Alcantara, Victor Hugo. La date, je vous prie. Je tiens beaucoup à me souvenir de ce jour.

L'Empereur revint un soir encore. Il nous raconta qu'il avait cinq ou six petits enfants, et que sa fille, en tant qu'héritière directe, faisait partie de son conseil des ministres. Il nous dit :

« Le Brésil est un pays plein d'intelligence et
« d'avenir. J'emploie à le faire avancer les droits...
« non... je n'ai pas de droits... les moyens que met
« à ma disposition le rang où m'a placé le hasard
« de la naissance... »

Victor Hugo lui a dit :
— Sire, vous êtes un grand citoyen.

*
* *

Louis Blanc a été ce soir tout à fait charmant. Il était en verve et nous a raconté vingt anecdotes intéressantes, entre autres les détails de l'ovation que les Anglais ont faite à Garibaldi.

Le général refusa de descendre chez lord N... qui lui avait offert l'hospitalité, et alla s'établir chez un démocrate anglais de ses amis (Sandfort, autant que je puis me le rappeler).

Une des premières visites du grand patriote italien fut pour Louis Blanc, qu'il trouva logé petitement dans une petite rue. Leur rencontre fut pleine d'effusion. La maison de Louis Blanc fut en quelques minutes entourée d'une foule si considérable que Garibaldi eut beaucoup de peine à la traverser pour rentrer chez lui.

Le général parla avec attendrissement de Victor Hugo, qu'il désirait passionnément voir. Ce désir ne se réalisa jamais.

. . . .

Sandfort organisa un baisemain à la mode anglaise, que Garibaldi dut accepter. Louis Blanc pénétra par un passage dérobé jusque dans un grand salon, où Garibaldi, assis sur un divan avait l'air de passer les gens en revue. Un laquais annonçait. Les visiteurs avançaient, en grande tenue, comme s'ils eussent été conviés à un bal officiel ; ils saluaient et baisaient la main de Garibaldi, qui les accueillait par une inclinaison de tête. Cela durait depuis deux heures et ne paraissait pas près de finir. « Je me plaçai avec Sandfort derrière le général, qui se retourna pour nous donner la main et nous dire quelques paroles. Il y avait quelque chose dans son attitude qui me rappela la gravité ennuyée et bienveillante du pape faisant baiser sa mule ; c'était évidemment une *exhibition*, une *great attraction*. Les domestiques essayaient de faire circuler le courant des visiteurs, et n'y parvenaient pas toujours ; quelques dames s'entassaient dans les pièces voisines pour continuer à voir le général, à qui elles envoyaient des baisers. Le général, pendant ce manège, causait avec nous et nous priait de ne pas l'abandonner. »

Une lady, plus hardie que les autres, après lui avoir baisé la main, le prie de lire une pièce de vers qu'elle a écrite à sa louange. Louis Blanc l'appuie, parce qu'elle est charmante, et le général lit avec beaucoup de bonne grâce des vers anglais qu'il ne comprend pas, pendant que la dame enthousiasmée lui envoie des baisers.

Le gentleman qui l'accompagne n'est guère

moins ému qu'elle et se retient pour ne pas envoyer des baisers à son tour; ceux de la dame sont évidemment préférables.

Ce triomphe se prolongea ; mais il eut un lendemain moins éclatant. Les proscrits résidant à Londres offrirent un banquet à Garibaldi. Il y porta un toast qui fit du bruit : « A mon maître Mazzini ! »

Cela pouvait lui faire perdre sa popularité; quelques jours auparavant Mazzini avait été traité d'assassin à la tribune anglaise, et son nom servait de drapeau à un parti révolutionnaire qu'on commençait à redouter.

La réception enthousiaste dont nous avons parlé était une manifestation toute aristocratique. Dès que le peuple et les marchands succédèrent aux lords et que la file des visiteurs ne fut plus coupée de carrosses, le gouvernement s'en émut. M. Gladstone vint rendre visite à Garibaldi, lui présenta ses hommages, et le pria de s'en aller. Le général y consentit.

. . . .

— Jamais, ajoutait Louis Blanc, je n'ai vu envoyer tant de baisers à un homme ! Il y en avait qu'il était réellement dommage de laisser perdre en route.

Et le conteur s'animait tellement dans sa narration qu'il brisa son verre dans sa main ; on dut le panser avec du taffetas d'Angleterre.

*
* *

Les dernières photographies dans lesquelles Victor Hugo s'est réuni à sa famille et à ses amis datent de Guernesey, 1878.

Il est représenté assis, dans le charmant jardin de Hauteville-House, auprès de Mme Lockroy, qui a Georges et Jeanne à ses pieds, et derrière elle M. Lockroy. Du côté droit, Mme Ménard-Dorian et sa fille, et Mme Chenay, belle-sœur du poète, gardienne de Hauteville-House; de l'autre côté, Mme Drouet et Richard Lesclide. Le fond du tableau est formé par la merveilleuse végétation de l'ile, une fontaine décorée de lierre et l'aloès légendaire de la propriété.

Il existe une contre-épreuve, dans laquelle les mêmes personnages sont groupés devant la façade intérieure de la maison du poète.

EN VOYAGE

Quel admirable voyageur que Victor Hugo ! Quelle joie de courir les chemins avec lui, et de vivre de grand air et de fantaisie à son bras ! La Green-box d'Ursus ressemble un peu aux voitures de louage qu'il prend le matin pour les quitter le soir, s'arrêtant au coin d'un bois, faisant halte sous les grands arbres, s'asseyant au bord des ruisseaux ou sur les hauteurs, devant les perspectives immenses, permettant aux femmes de s'arrêter pour cueillir des pâquerettes au bord du chemin ou des églantines de haie. Comme on s'amuse aux mauvaises auberges et comme on se laisse dévaliser de bonne grâce !

Mais les cabriolets et les chars à bancs témoignent encore de goûts aristocratiques ; la vraie manière de courir le pays alors était de grimper sur l'impériale des diligences, car il y en avait encore dans ce temps-là!

Il est très probable que le goût du poète pour les impériales d'omnibus a pris son origine dans ces voyages fouettés de grand air, chauffés de soleil et quelquefois aspergés de pluie, qu'on faisait alors sur la « banquette », pendant que cinq chevaux galopaient dans un remuement éperdu de grelots.

En réalité on n'y était pas mal, quand on avait eu soin d'y retenir les meilleures places. Le poète était cependant payé pour s'en défier, et Mme Drouet, m'a raconté à ce sujet une amusante aventure.

C'était peu après 1830, en pleine révolution littéraire. Le poète se dirigeait vers l'Allemagne. Il occupait, sur l'impériale de la voiture, la place la plus éloignée; Mme Drouet était assise auprès de lui; un bourgeois, à mine pacifique, vint occuper la troisième place auprès du conducteur.

On part. Mme Drouet ouvre un livre qu'elle lit attentivement. L'inconnu, ému par le voisinage d'une aussi belle personne, se montre plein d'attentions et de prévenances.

Tout à coup, ses yeux tombent sur le volume qu'elle tient.

— Ah! mon Dieu, madame, quel livre lisez-vous là!

— Mais, un livre qu'on m'a recommandé à mon départ, et qui commence à m'intéresser.

— En connaissez-vous l'auteur?

— Très peu. Victor Hugo, je crois.

— Savez-vous ce que c'est que ce Victor Hugo, madame? Un homme qui se fait un jouet des choses les plus saintes, des sentiments les plus sacrés. Vous fermerez le livre avant longtemps, je vous assure.

— Vous l'avez donc lu, monsieur?

— Non, madame, j'en ai entendu parler, et cela me suffit. Un prêtre amoureux d'une danseuse, voilà le sujet de l'ouvrage; cela vous dit tout.

— Mon Dieu! monsieur, que je vous suis reconnaissante de me prévenir.

— Madame, j'ai bien vu que vous ignoriez les choses. Vous ne lisez donc pas les journaux?

— Pas beaucoup.

— Vous y auriez vu des articles qui vous auraient détournée de lire les œuvres de cet homme-là. C'est un dévergondage. Et, si vous le voyiez...

— Vous le connaissez donc, monsieur?

— Dieu m'en garde! mais j'ai des amis qui l'ont vu aux représentations de ses pièces, et qui m'en ont fait un portrait affreux.

— Il est donc bien laid?

— Je vous en réponds! Vous savez que le moral déteint sur le physique. Un homme n'a pas besoin d'être absolument beau ; c'est ce qui le différencie d'avec votre sexe, madame...

La dame s'inclina.

— Mais enfin, on a la figure de tout le monde, comme monsieur, comme moi. Ce qu'il y a de certain, c'est que je ne voudrais pas rencontrer Victor Hugo au coin d'un bois !

— Ni moi, monsieur, et je vous remercie bien de ces renseignements !

La diligence arrivait au relais. Le monsieur s'excusa d'être obligé de descendre et prit congé de sa voisine avec beaucoup de grâce.

Victor Hugo dit à Mme Drouet, en éclatant de rire :

— Si je lui remettais ma carte ?

— N'en faites rien, vous le feriez mourir d'un coup de sang.

*
* *

Ce soir, Victor Hugo a raconté comment il est arrivé, autrefois, qu'il n'a point passé par la vallée de Roncevaux.

Ce n'est pas l'envie qui lui en manqua.

Il se trouvait alors en Espagne, à Pampelune, revenant d'un voyage d'exploration dans ce pays d'oranges et de señoras plus dorées les unes que les autres. Installé dans une posada quelconque, il s'informa des différentes façons de rentrer en France. Il y avait d'abord la grande route, qui fait un assez long détour, puis un passage presque direct, plus rapide et plus pittoresque, qui n'avait que le défaut d'être inexploré.

— Quel passage, je vous prie?
— La vallée de Roncevaux.

On devine l'effet de cette réponse; la légende de Roland vient aussitôt à la mémoire. Hugo déclare qu'il traversera les Pyrénées par la célèbre vallée.

Mais plusieurs belles dames faisaient partie de cette expédition, dont elles étaient le charme et la clarté. On ne traverse point Roncevaux comme le rond-point des Champs-Élysées. Le poète se renseigne et apprend qu'il n'y a qu'un *caballero* qui puisse guider sûrement les nobles étrangers dans ce défilé historique. Le caballero en question est contrebandier et exerce son métier honorablement, y compris les coups de fusil qu'il échange çà et là avec les douaniers français, gens de petit esprit, et difficiles à vivre.

Hugo se décide à rendre visite à ce muletier de qualité, malgré l'opposition de Santos. Qu'était-ce que Santos? Santos, que son nom pieux plaçait sous la protection de tous les saints du calendrier, était une brune et belle créature qui remplissait dans la fonda le rôle de fille d'auberge. Depuis *l'illustre écureuse* de Cervantès, on sait que ces modestes fonctions n'ont rien de désobligeant pour les belles filles. Santos portait dans ses yeux — pour ne pas dire ailleurs — un blason qu'aucune noblesse n'aurait désavoué. Or, la jeune servante n'était pas contente. Elle ne craignit pas de le dire, car le voyageur français lui inspirait une vive sympathie. On en souriait même un peu. Explique qui voudra l'attraction de l'homme de génie vers cette beauté ignorante ! C'est un simple fait que nous constatons et qui est du domaine de la physiologie.

Victor Hugo passa outre. Le lendemain il se prit à chercher dans Pampelune l'*arriero* conducteur de mules ; il était accompagné d'une des voyageuses dont l'aimable raison exerçait une douce influence sur l'enthousiasme du poète. Le logis de l'homme fut difficile à trouver. Bref, presque aux limites de la ville, aux environs de la rue de Tolède, je crois, on indiqua aux promeneurs une grande maison muette et fermée, d'un aspect mystérieux.

Ils entrèrent en échangeant le salut espagnol traditionnel avec les hôtes, qui le leur rendirent du bout des lèvres, et dont l'aspect et le logis n'étaient pas ordinaires.

Figurez-vous une salle immense, boisée jusqu'à hauteur d'homme et pavée de terre battue, dans laquelle grouillaient des enfants en bas âge, jouant et se querellant. Dans un coin de l'appartement, une vieille femme, encore droite, filait une quenouille de chanvre avec une majesté singulière, et, groupe plus attrayant, une jeune femme étrangement défaite, ayant dépouillé sa brassière, qui lui retombait sur les hanches, offrait aux lèvres d'un nourrisson sa puissante et belle gorge nue, qu'elle ne cherchait pas à couvrir. C'était la statue immobile et sereine de la Maternité ; elle semblait indifférente à ce qui se passait autour d'elle. A quelque distance des femmes, un majo superbe, la veste chamarrée de broderies, posé d'une façon un peu théâtrale, attendait que les étrangers prissent la parole.

Victor Hugo exprima le désir qu'il avait d'entrer en France par la vallée de Roncevaux, et demanda à l'Espagnol s'il pouvait se charger de les conduire. L'arriero répondit affirmativement et calcula le nombre de mules nécessaires aux voyageurs.

Mais la vieille, qui filait sa quenouille, rompit tout à coup le silence.

— Señor, n'y allez pas ! dit-elle.

Ce mot — ce bizarre conseil — jeta quelque embarras dans la conversation.

L'Espagnol se leva, et, saluant gravement la fileuse aux cheveux gris, lui dit simplement : — Voulez-vous, madame, me faire la grâce de vous taire ?

Elle se tut. L'arriero arrêta ses chiffres et finit par conclure à une demande de douze cents réaux, qu'on s'accorda à lui donner. Le départ fut fixé au surlendemain et les arrhes du marché furent comptées.

On avait tout un jour pour les préparatifs du départ. La nouvelle se répandit dans l'hôtel ; comme Hugo parlait de l'engagement qu'il avait pris, Santos, qui se tenait derrière lui, lui posa la main sur l'épaule, en le regardant de ses yeux profonds :

— Señor, dit-elle, il n'y faut point aller.

L'hôte fut du même avis ; quelques bourgeois du pays déclarèrent que le projet était plus que téméraire. On pratiquait à cette époque, envers les voyageurs confiants, un système d'exploitation qui avait ses désagréments. Des guides infidèles les faisaient tomber au milieu de bandes de voleurs qui les retenaient prisonniers. On ne manquait pas précisément d'égards envers eux, mais on les mettait à rançon ; on les obligeait d'écrire à leurs parents et à leurs amis pour se procurer la somme nécessaire à leur rachat. Si la somme tardait à arriver, on leur coupait l'oreille droite, puis l'oreille gauche, quelquefois les pieds ou les mains, et finalement la tête, en manière de protêt, quand on ne conservait plus l'espoir d'aucune rentrée.

Cette perspective d'être découpés comme des volailles indisposa la plupart des touristes et notamment les dames, qui tenaient à leurs oreilles et qui avaient bien raison, celles-ci étant les plus mignonnes et les plus roses du monde. Peut-être même craignaient-elles d'être exposées à d'autres périls! L'hôte déclara s'opposer formellement au retour par la fameuse vallée ; les beaux yeux de Santos se remplirent de larmes. Elle affirmait qu'on devait regarder les étrangers comme des enfants, et veiller à leur sûreté en dépit d'eux-mêmes.

Victor Hugo, en présence de cette opposition grandissante, dut renoncer à son itinéraire héroïque, et fit prévenir l'arriero. Celui-ci répondit un peu sèchement qu'on ne revenait point sur une convention faite.

En effet, le surlendemain, aux premières lueurs de l'aube, la cour de l'hôtellerie fut envahie par un troupeau de mules sonnantes, que conduisaient de fiers muletiers, harnachés de costumes nationaux aux chamarrures étincelantes. Les voyageurs furent sommés de descendre et de se mettre en route. Vainement offrirent-ils de solder le prix du voyage comme s'ils l'avaient accompli ; l'arriero ne voulut rien entendre ; il tenait à l'honneur de la compagnie des illustres Français, et, comme il y a des juges en Espagne, il cita Victor Hugo et ses compagnons — ses compagnes aussi — devant l'alcade.

Les étrangers comparurent devant ce magistrat populaire. Ils y trouvèrent le caballero et ses camarades, exposant leurs griefs en fort beau langage et développant le tort que leur causait l'abstention des voyageurs, non seulement au point de vue pécuniaire, mais au point de vue de leur réputation. L'alcade goûtait évidemment ces raisons et fronçait les sourcils en regardant la caravane réfractaire.

Cependant, les Français n'étaient pas abandonnés de tout le monde. Santos arriva en courant, suivie à quelque distance de l'hôte, et se présenta devant la cour avec une telle vivacité, que le pied lui glissa et qu'elle fit la chute la plus galante du monde. Victor Hugo n'a jamais nié que ce fut lui qui la releva ! Le seigneur alcade se montra visiblement troublé d'un accident qui lui avait montré quelle belle personne il avait sous sa juridiction ; son émotion s'accrut au discours de la manola, qui parla de ses pensionnaires avec une effusion attendrie. L'hôte, d'ailleurs, l'appuyait de son autorité.

Ce fut bien autre chose quand Hugo se nomma.

— Eh ! quoi, seigneur, seriez-vous le fils de l'illustre général comte Hugo, qui gouverna Madrid du temps de l'Empereur ?

— C'est mon père, répondit le poëte.

—Vous me voyez charmé de faire votre connaisance. Je vous demande pardon du scandale causé par ces coquins de muletiers. Vous quitterez Pampelune quand vous voudrez, et comme vous voudrez. Je ne puis dire à quel point je suis heureux de vous être agréable, ainsi qu'au seigneur hôtelier, et aussi à Santos, qui est une belle fille, comme tout le monde a pu le voir...

Le jour suivant, le poète et sa compagnie quittèrent Pampelune par les grands chemins, dans une belle et bonne diligence, qui s'arrêta aux environs de la frontière, devant un tournant de route où gisait une caisse de voiture renversée, brisée, démolie, percée de balles. Les bagages avaient été pillés; les voyageurs avaient disparu. C'était la diligence de la veille, qu'auraient prise les Français, si l'esprit processif du muletier ne les avait retenus à Pampelune! Il leur avait sauvé la vie, sans le faire exprès, par son entêtement à leur vouloir couper les oreilles.

On se hâta de repartir; on salua le soir même la terre de France. Et voilà pourquoi Victor Hugo n'a point passé par la vallée de Roncevaux.

*
* *

Victor Hugo a toujours fort aimé l'Espagne. C'était pour lui comme une autre patrie, et la fortune de Napoléon eût pu l'y retenir. C'est au collège des

Nobles, de Madrid, que remontent ses premières impressions d'enfance ; le roi Joseph le fit page ; il le prenait sur ses genoux. Les premières amours de Victor Hugo, tout idéales, datent du palais Masserano. Il y fut amoureux à huit ans, il s'en est accusé lui-même, et sérieusement amoureux ! Mais il eut un affreux gendarme pour rival préféré et s'en consola au milieu des larmes.

Il est souvent revenu vers ce beau pays, surtout dans sa jeunesse.

Une fois, pour achever un livre, il alla s'établir à Passages, entre Saint-Sébastien et Fontarabie, au bord du bassin souvent à sec, dans une petite auberge pittoresque et silencieuse, d'où l'on n'entendait que le ressac de la mer.

Victor Hugo était tout réjoui de cette solitude. Il tenait donc enfin cet incognito toujours cherché et qu'il n'avait pu conquérir encore, qu'il ne conquit jamais. On sait que ses fils l'appelèrent plus tard le Jean Valjean de la gloire. — En quelque part que nous allions, disait Mariette, la bonne, il est connu comme le loup blanc.

Je n'ai jamais bien saisi le sens de cette comparaison, ni compris la célébrité populaire du loup blanc.

Voilà donc le poëte en possession de cette tranquillité tant désirée. Un soir, après s'être endormi paisiblement, il tombe dans une somnolence agitée. Il lui semble que des fantômes noirs circulent dans sa chambre; il feint d'abord de ne pas les voir, mais la vision est très distincte. S'il n'y a pas plusieurs fantômes, il y en a au moins un.

— Monsieur, que faites-vous ici?

La conversation, bien entendu, avait lieu en espagnol.

— Monsieur, répond le fantôme, je suis le Padre. le curé de l'endroit; j'occupe la chambre voisine. Je ne puis entrer ni sortir sans passer par la vôtre. Je viens vous demander si vous n'avez besoin de rien.

— Non, merci; j'appellerais, si j'avais besoin de quelque chose.

— A la bonne heure; nous nous reverrons d'ailleurs à la fête de demain.

— Quelle fête? Il y a une fête?

— Vous le savez bien.

Victor Hugo n'en savait pas un mot. Il attend le jour, se lève d'assez méchante humeur, et se prépare à déménager, n'étant pas venu pour voir la fête. Mais on crie sous sa fenêtre; il se rend sur le balcon de bois qui entoure l'hôtellerie. Il aperçoit le bassin couvert d'embarcations pavoisées, conduites par des batelières couronnées de fleurs, arrivant du bord opposé. Ce détail serait du domaine de la féerie, si les « guides en Espagne » ne le confirmaient. C'est le costume du pays, et le service des bateaux est fait exclusivement par des jeunes filles. Tel est l'usage. Il n'y a rien à répondre à cela.

L'hôtellerie ressemblait un peu à la « place du village » du petit Trianon. Ce décor d'opéra-comique n'était pas déparé par les Basques endimanchés qui débarquaient par groupes et qui, pour la plupart, tenaient des bouquets à la main. Une barque plus majestueuse s'avance ; elle porte l'alcade. A peine a-t-il mis le pied à terre que les cris mille fois répétés de : « Vive Victor Hugo ! » se font entendre ; et l'alcade s'avance, un compliment à la main.

On peut difficilement imaginer le fou rire qui s'empara des compagnons du poète à la vue d'un incognito si peu respecté. Cherchez donc la solitude !

C'est la seule fois peut-être que Victor Hugo, dépité, se départit de sa bienveillance. L'alcade paraissait tiré d'un tel opéra-bouffe que le poète fit sur lui quatre vers qu'il a longtemps refusé de nous dire.

*
* *

Mme Drouet se plaît à raconter les voyages dans lesquels elle a accompagné Victor Hugo.

Ils sont nombreux, car elle ne l'a guère quitté ; par son affection et son dévouement, sa discrétion et sa délicatesse, elle a conquis avec le temps la place qu'elle occupe dans la famille. Les fils du poète l'aimaient beaucoup et se laissaient protéger par elle auprès de leur père, qui avait ses jours de sévérité.

Toute une caravane de voyageurs arriva un jour à Anvers, et alla frapper à la porte de l'hôtel de la Croix-Blanche. La caravane était dirigée par un monsieur d'aspect sérieux, un peu distrait, qui se montrait d'ailleurs plein de prévenance pour les dames qu'il traînait à sa suite.

C'était jour de kermesse. Il n'y avait plus de place, non seulement dans l'hôtel, mais dans la ville. On insista. Une hôtesse, la plus charmante des hôtesses, prit en pitié tous ces oiseaux voyageurs. On les logea tant bien que mal ; après une courte installation, le monsieur, entraîné par un attrait tout particulier, conduisit la troupe entière à la cathédrale.

On connaît cette cathédrale d'Anvers, à la flèche élancée, placée à côté du puits en fer, ouvrage de Quentin Metris, dont on vous raconte la légende. Ce forgeron, devenu peintre par amour, a quelque chose qui va à l'âme. Il ne dit pas, comme le Corrège : Et moi aussi je suis peintre ! Il dit : Je le deviendrai. Et il le devient.

Cependant le monsieur se penchait au bord du puits et disait :

— La flèche et le puits ont certainement entre eux une parenté mystérieuse. La flèche dit : « Je vais en haut. » Le puits répond : « Je viens d'en bas. » Ils se contredisent et se complètent, et cette cathédrale est une grande sœur qui aurait ce puits pour petit frère.

Le monsieur ajouta :

— Maintenant que nous avons vu le forgeron, allons voir le peintre.

On passa la journée au musée. Le soir on s'enquit d'un capitaine qui voulût bien prendre à son bord six personnes pour les conduire à Middelbourg, capitale de la Zélande.

Un jeune homme se présenta. C'était le commandant Van Maenen, qui mit son navire, *le Télégraphe*, à la disposition des voyageurs. Mais arriver à Middelbourg lui paraissait chose très difficile. Il énuméra les obstacles qui s'opposaient à ce projet.

— Est-ce donc impossible? demanda le monsieur.

— A tout autre que vous je répondrais oui, fit le capitaine ; mais pour vous, monsieur Victor Hugo, on fera l'impossible. Tenez-vous prêt à partir demain.

Les tentatives que fait le poète pour garder l'incognito ont toutes la même issue. Il se résigne à traîner son nom comme un boulet glorieux.

Le voyage se continue avec des péripéties diverses. Victor Hugo admire tout comme « une brute ». Je ne répéterais pas ce mot irrespectueux, s'il ne venait de lui. C'est la bonne manière de voir, dit-il. On craint parfois de ne pas trouver à dîner ni à se loger ; mais une bonne fée invisible préside aux destinées des voyageurs. Des chambres souvrent devant eux quand vient l'heure de dormir, des soupers copieux jaillissent du plancher comme des diables à ressort à l'heure de se mettre à table. On finit par prendre dans la Providence une confiance extraordinaire. A l'un de ces repas inespérés, on raconte une histoire de revenant. Un bourgeois du pays, tombé dans un gouffre, en a été retiré, et est revenu à la vie, avec toutes sortes de regrets et un cri d'épouvante.

— Il y a, dit Victor Hugo, deux énigmes dans cette histoire : l'énigme du corps et celle de l'âme. Je ne me charge pas d'expliquer la première, ni de dire comment il se peut qu'un homme reste englouti toute une grande heure dans un cloaque sans que mort s'ensuive. L'asphyxie, il faut le croire, est un phénomène encore mal connu. Mais ce que je comprends admirablement, c'est la lamentation de cette âme. Quoi ! elle était déjà sortie de la vie terrestre, de cette ombre, de ce corps souillé, de ces lèvres noires, de ce fossé noir. Elle avait commencé l'évasion charmante. A travers la boue, elle était arrivée à la surface du cloaque, et, là, à peine rattachée encore par la dernière plume de son aile à cet horrible dernier soupir étranglé de fange, elle respirait déjà délicieusement le frais ineffable du dehors de la vie. Elle pouvait déjà voleter jusqu'à ses amours perdues, atteindre la femme et se soulever jusqu'à l'enfant qui l'attendaient dans un autre monde. Tout à coup la demi-évadée frissonne ; elle sent que le lien terrestre, au lieu de se rompre tout à fait, se renoue sous elle, et qu'au lieu de monter dans la lumière, elle redescend brusquement dans la nuit, et qu'elle, l'âme, on la fait violemment rentrer au cadavre. Alors elle pousse un cri terrible! Ce qui résulte de ceci pour moi, c'est que l'âme peut rester un certain temps au-dessus du corps, à l'état flottant, n'étant déjà plus prisonnière et n'étant pas encore délivrée. Cet état flottant, c'est l'agonie, c'est la léthargie. Le râle, c'est l'âme qui s'élance hors de la bouche ouverte et qui retombe par instants, et qui secoue, haletante, jusqu'à ce qu'il se brise, le fil vaporeux du dernier souffle. Il me semble que je la vois. Elle lutte, elle s'échappe à demi des lèvres, elle y rentre, elle s'échappe de nouveau, puis elle donne un grand coup d'aile et la voilà qui s'envole d'un trait et qui disparait dans l'immense azur. Elle est libre. Mais quelquefois aussi le mourant revient à la vie ; alors, l'âme désespérée revient au mourant. Le rêve nous donne parfois la sensation de ces étranges allées et venues de la prisonnière. Le rêve, ce sont les quelques pas quotidiens de l'âme hors de nous. Jusqu'à ce qu'elle ait fini son temps dans le corps, l'âme fait, chaque nuit, dans notre sommeil, le tour du préau du songe. »

On devine ce que peut devenir l'incognito de Victor Hugo après de pareils discours. Quand il reprend la mer sur *le Télégraphe*, il est salué d'acclamations par la multitude. Le révérend Pertk, ministre du saint Évangile, lui fait les honneurs de la ville de Dordrech.

— Monsieur Victor Hugo, lui dit-il, en lui montrant sa chaire de prédication, quand j'ai lu la Bible à mes paroissiens, j'ai envie de continuer par *les Misérables*.

Le Télégraphe repart, entièrement pavoisé en l'honneur du poète, et l'on rentre à Anvers en triomphateurs plutôt qu'en touristes.

*
* *

Victor Hugo nous a dit sa première visite à Alphonse de Lamartine. Le poète des *Méditations* l'avait invité à venir le voir à Saint-Point. Victor Hugo s'était mis en route avec Charles Nodier, qui était le plus charmant compagnon de voyage qu'on pût voir.

On partit sur l'impériale de la diligence. On sait les façons de voyager d'autrefois. Aux montées, on mettait pied à terre pour ménager les chevaux. Cela délassait les jambes et permettait de voir la campagne de plus près. Le poëte était en costume d'été, et paraissait plus jeune que son âge. Comme il gravissait une côte, il se trouva en face de deux gendarmes qui lui barraient le passage.

— S'il vous plaît, jeune homme !

— Qu'est-ce qu'il y a, messieurs ?

— Que faites-vous de ce ruban rouge à votre boutonnière ?

— Messieurs, je le porte. C'est le ruban de la Légion d'honneur.

— A votre âge ! c'est invraisemblable.

— C'est pourtant comme cela.

— Votre passeport ? s'il vous plaît.

— Mon passeport ! Je l'ai oublié à Paris.

— Vous vous expliquerez devant l'autorité.

— Est-ce à dire que vous m'arrêtez ?

— Parfaitement.

Charles Nodier, qui avait pris les devants, se retourne et aperçoit le poëte entre deux gendarmes. Il accourt, se met à rire, et croit arranger l'affaire.

— Voyons, dit-il, c'est une plaisanterie. Monsieur est le célèbre Victor Hugo.

L'épithète « célèbre » fait réfléchir les gendarmes. Ils se consultent. Victor Hugo leur était peu connu. Mais Nodier représentait bien et avait l'air d'un honnête homme. On laissa passer les voyageurs.

Pas d'autre incident de route, sauf qu'à Mâcon, où l'on devait se rencontrer, personne ne connaissait M. de Lamartine, du moins à l'hôtel où l'on s'était donné rendez-vous. Nodier eut heureusement l'idée de demander M. Alphonse. A la bonne heure !

M. Alphonse parut, et leur fit les honneurs de la ville. Ce ne furent que festins, fêtes et spectacles. Le lendemain, on se rendit à Saint-Point, où une assez belle réception attendait les visiteurs. M. de Lamartine, dans son épître d'invitation, avait parlé de sa maison avec un enthousiasme poétique. On s'attendait à voir un château, on se heurta à une bicoque. Mais l'hospitalité était offerte de si bon cœur !

L'histoire, ici, touche à un point délicat. Mesdames Victor Hugo et Nodier, qui accompagnaient leurs maris, étaient en toilette de voyage. Elles trouvèrent, à Saint-Point, Mme de Lamartine et ses sœurs, belles personnes d'origine anglaise, qui étaient en toilette de bal. Les arrivantes, à côté de cet éblouissement de parure, avaient un peu l'air de bourgeoises endimanchées. M. de Lamartine eut beau dire des vers, une adorable fillette eut beau réunir ces dames dans une admiration commune, on se sentait gêné. On trouva d'excellents prétextes pour prendre congé, et l'on repartit le soir même.

*
* *

C'était à Barfleur, en 1831 : Victor Hugo et quelques amis faisaient une promenade au bord de la mer ; la belle Mme Juliette Drouet était des leurs. On allait à travers champs, dans les sables et les bruyères, un peu à l'aventure, suivant la façon de voyager du poète, et l'on faisait des découvertes à chaque pas. On finit par se sentir un peu fatigués ; on aperçoit presque au même instant une barque de pêcheurs qui a l'air de vouloir aborder. On la hèle, on lui fait des signes ; rien ne sera plus amusant que d'acheter le poisson du déjeuner, qu'on rapportera à l'auberge.

On touche au rivage ; on venait d'entrer en marché, quand des cris désordonnés se font entendre. Un gros homme, ceint d'une écharpe tricolore, s'avance en courant vers les touristes. Il bondit, saute les flaques d'eau, franchit les haies et les fossés. Il est suivi par un homme en blouse bleue, porteur d'un fusil, et par une bande de paysans fort animés.

— N'embarquez pas! n'embarquez pas! crie-t-il en faisant de grands gestes.

— Allons, dit Victor Hugo, qui croit à une ovation imprévue, ils ne vont pas nous laisser tranquilles.

Il est détrompé par l'air grave et sévère de l'homme à l'écharpe; c'est M. le maire de Barfleur en personne, accompagné du garde champêtre de la commune ; les braves gens qui le suivent, porteurs de fourches menaçantes, font partie de ses administrés.

C'est vers Mme Juliette Drouet que M. le maire s'avance ; elle ne sait qu'en penser. Il la salue profondément, et tout essoufflé encore :

— Vous m'excuserez, Madame, si je remplis un devoir pénible. La raison d'État...

— Quoi, Monsieur, que me voulez-vous ?

— Madame, vous avez été reconnue, et j'ai des instructions dont je ne puis m'écarter. Vous pouvez être assurée, d'ailleurs, d'être traitée avec les plus grands égards...

— Que signifie cette plaisanterie? dit Victor Hugo en s'avançant. Pour qui nous prenez-vous?

— Monsieur, dit le maire en se redressant, il est inutile de feindre ; c'est à madame d'ailleurs que j'ai affaire. J'ai prévenu M. le sous-préfet dont j'attends la réponse et les ordres. Il suffit que vous ne vous éloigniez pas. Je vous arrête au nom de la loi !

— Moi aussi ? s'écrie Mme Drouet.

— Vous surtout, madame.

— Et la raison...

— Madame, on vous surveille depuis ce matin; on vous a vue, vous et vos gens, vous rapprocher insensiblement de la mer. Les pêcheurs que voici auront à répondre de leur connivence. Madame la duchesse voudra m'excuser; je remplis un devoir.

— Mais enfin, monsieur, de quelle duchesse voulez-vous parler?

— Madame la duchesse de Berri le sait bien.

On partit d'éclats de rire fous. M. le maire regarda cette gaieté d'un œil impassible. Il fit cerner la petite troupe avec des formes respectueuses et fermes qui n'admettaient aucune réclamation ni aucun raisonnement. Ces messieurs essayèrent de l'apprivoiser, en montrant leurs papiers et leurs passeports.

— Messieurs, dit le maire, je ne doute pas de votre parole; je pense bien que vous n'êtes pas venus ici sans des papiers en règle, mais nous attendrons M. le sous-préfet qui en appréciera la valeur. Je l'ai mandé par un courrier ; nous le verrons dans la journée.

Mme Drouet se résignait à faire la duchesse, et ses compagnons la félicitaient de la façon dont elle portait sa nouvelle dignité.

— Monsieur le maire, dit-elle, est-ce que, d'après vos instructions, vous devez nous faire mourir de faim ?

— Non, sans doute, madame ; mes hommes vont aller chercher à l'auberge tout ce que vous pourrez désirer.

— Pourquoi n'irions-nous pas à l'auberge nous-mêmes ?

— Madame, n'insistez pas. Je dois éviter une surprise et faire constater le lieu de votre embarquement.

— Vous avez réponse à tout. Faites-nous déjeuner, si c'est possible.

On s'installa au bord d'un fossé, sous la brise de mer qui ouvrait l'appétit des convives.

L'aventure était gaie, à condition que M. le sous-préfet ne se fît pas trop attendre. Les commissionnaires rapportèrent des jambons et des saucissons, du cidre et de l'eau-de-vie ; il n'y avait pas autre chose ; on but à la santé de Mme la duchesse, ce qui fit pâlir M. le maire.

On arrivait au dessert, et l'on allait s'en passer, quand on vit paraître sur la route voisine une berline lancée au galop. Un homme en sortit et se précipita vers les prisonniers :

— Ah ! mon Dieu ! que faites-vous là ?

— Nous déjeunons, comme vous voyez.

— Monsieur Victor Hugo ! Madame, que d'excuses ! Messieurs...

C'était M. de Kermorgan, sous-préfet du Havre, qui était accouru à toute vitesse, désolé du zèle du maire de Barfleur.

— Ce n'est donc pas madame la duchesse ? demandait ce dernier.

— Eh ! non, sans doute ! Ah ! vous faites de jolies choses ! Allez vous promener, vous et votre monde ! Madame, messieurs, un déjeuner vous attend à la sous-préfecture. Faites-moi la grâce de l'accepter et d'oublier ce qui s'est passé.

On monta dans la berline. Deux heures après on arrivait chez M. de Kermorgan où un couvert splendide était dressé. On fit aux touristes la réception la plus cordiale et la plus magnifique. Mais on s'était tellement bourré de jambon et de saucisson — en plein air — que ce déjeuner superbe eut tort.

— Il n'est sauce que d'appétit, disait Mme Drouet en finissant son histoire.

**

Victor Hugo a fait en mer des voyages assez fréquents, mais de courte durée. Pendant son long exil, il se déplaçait presque tous les ans et allait en Belgique par l'Angleterre.

Le Maître supportait fort bien le mal de mer, qui altérait à peine la sérénité de son humeur. Il n'en était pas de même de sa compagne de voyage, Mme Drouet. Elle acceptait les traversées obligées qui devaient la conduire sur le continent comme les épreuves les plus pénibles de sa vie. Elle ne cherchait pas à pallier le mal ni à s'y soustraire. A peine arrivée à bord, elle se plaçait dans un cadre où elle agonisait jusqu'à l'heure de l'arrivée.

De temps en temps, Victor Hugo allait s'informer d'elle avec une sollicitude obligeante :

— Comment allez-vous, madame ?

— Monsieur, je suis morte.

— Allons, c'est bien ; nous n'avons plus qu'une heure de traversée.

Ce calme irritait la dame qui s'en vengea, plus tard, en racontant une histoire qui faisait trop d'honneur à la galanterie du poète.

Mme Drouet s'était renfermée, comme d'habitude, dans son tiroir; sa cabine étant sur le pont, elle voyait Victor Hugo aller et venir sur le tillac, humant le grand air, et s'intéressant aux souffrances de ses voisins et de ses voisines.

Deux femmes attiraient particulièrement son attention.

C'étaient deux Anglaises qui se ressemblaient vaguement, par la couleur toute britannique de leurs yeux, de leurs cheveux, de leurs costumes. L'une paraissait plus âgée que l'autre, et la gouvernait, d'une voix languissante, avec une sorte d'autorité :

— Mary, disait-elle, ne vous mettez pas en peine ; j'aperçois les falaises de Douvres à l'horizon.

Deux agréables créatures d'ailleurs. Mary avait une figure angélique et s'efforçait de sourire, avec cette désespérance abattue et résignée dont le mal de mer frappe ses victimes. Ces dames demandèrent des citrons. Il n'y avait là aucun *steward*. Victor Hugo s'empressa d'aller chercher les citrons.

Miss Mary le remercia d'une voix émue, si bien qu'il ne put moins faire que d'arranger les coussins qui l'entouraient.

A ces soins, le poète ajouta de douces paroles, car, véritablement, elle avait une grâce d'enfant. Elle s'efforça de lui répondre, ce qui lui fit oublier un peu son abattement. La plus âgée des voyageuses regardait cette scène avec bienveillance.

Mary avait sur ses genoux un petit sac armorié d'où elle tirait des sels qu'elle respirait et faisait respirer à sa compagne. Elle parlait le français avec un doux accent étranger qui donnait à sa parole une grâce infinie. La conversation de Victor Hugo avait fini par la distraire; elle se sentait mieux, et fit quelques pas appuyée au bras du poète.

Cependant les côtes d'Angleterre grandissaient à vue d'œil, et l'heure approchait où cette intimité d'une heure allait être rompue.

On arriva. Le steamer, frémissant encore, se rangea contre la jetée. Les deux Anglaises se levèrent, pressées de partir, et rassemblèrent leurs bagages. La plus âgée remercia le poète avec un sourire un peu hautain :

— Monsieur, dit-elle, je vous remercie de tous les soins que vous avez eus pour ma femme de chambre.

Mme Drouet entendit ce mot du fond de son tiroir. Elle en sauta à terre et, prenant le bras de son compagnon, s'écria :

— C'est bien fait !

Elle était guérie.

***

Victor Hugo était un grand marcheur devant l'éternel. Son allure rapide facilitait chez lui le travail de la composition. Il marchait le front en avant; son cerveau semblait entraîner tout le reste après lui. Quelquefois, après ses soirées de la place Royale, il sortait pour prendre l'air, accompagner un ami, ou pour souper en ville. Une idée s'emparait de lui, lui faisait oublier ses projets, et le conduisait jusqu'à l'Étoile ; il revenait de là vers la Bastille, toujours absorbé, sans s'apercevoir de la longueur du trajet. Quelquefois des amis essayaient de le suivre, mais ils y usaient leur souffle et leurs jambes. Auguste Maquet, Édouard Ourliac étaient ceux qui résistaient le mieux à ces fatigues ; encore répétaient-ils souvent le vers de Molière :

Vous marchez d'un tel pas qu'on a peine à vous suivre !

Ces courses de nuit n'étaient pas sans danger, surtout pour un rêveur qui ne portait aucune arme. Il fut l'objet de plusieurs attaques nocturnes auxquelles il échappa par un peu de chance et beaucoup de sang-froid. Il ne s'apercevait guère des pièges qu'au moment où il y tombait. Les Champs-Élysées étaient plus déserts et plus sauvages à cette époque que les points les plus reculés du Bois de Boulogne ne peuvent l'être de nos jours. Victor Hugo se souvient d'une rixe sérieuse qu'il soutint contre un filou qui lui avait demandé sa montre. Il s'en sortit assez bien, grâce à une grosse clef qu'il avait sur lui, et qui devint dans sa main une arme redoutable.

Quand la petite Jeanne entend ces histoires, elle ne manque pas de les croire de la veille, et de dire à son grand-père en guise de morale :

— Je ne veux plus que tu sortes le soir !

* * *

Victor Hugo a fait la connaissance d'un homme célèbre, et il nous a raconté cette aventure en ménageant ses effets, car il n'aime pas qu'on gâte les histoires.

Il était sur l'impériale d'un omnibus.

Comme il suivait les boulevards extérieurs, un homme d'aspect pacifique et de tenue bourgeoise vint s'asseoir auprès de lui. Plongé dans ses méditations et distrait par le panorama qui se déroulait devant ses yeux, Victor Hugo ne donnait que peu d'attention à son voisin. Celui-ci était en veine d'épanchement.

— Ah ! monsieur, fit-il d'une voix émue, je vais en avoir douze, ce soir peut-être.

— Douze quoi ? demanda le poète fort surpris.

— Douze, monsieur, et il faut de la place pour loger tout cela. Sans compter que cela mange.

— Douze enfants ! fit Victor Hugo intéressé. Je vous en fais mon compliment.

L'inconnu, suivant son idée, sans doute n'entendit pas le mot.

— Ce n'est pas que j'en sois embarrassé, continua-t-il, ce n'est qu'une habitude à prendre. Il faut avoir l'œil bon et le poignet solide, et cela vous obéit comme des demoiselles. Mais il faut taper dessus.

— Y pensez-vous ? s'écria l'auteur de l'*Art d'être grand-père.*

— C'est le seul moyen, et il est bon. Ça m'est venu tout naturellement. J'ai été un peu ému la première fois; ça n'a pas duré, et le douzième marchera comme les autres. Il n'y a qu'à fouailler pour se faire obéir.

— Mais, enfin, qui fouaillez vous comme cela ? dit le poète indigné.

— Mes lions.

— Ah ! vos lions ! Et vous en avez douze ?

— Pas un de moins, monsieur, si, comme je l'espère... J'ai une lionne en mal d'enfant, et je vais voir ce qui s'est passé.

— Je fais des vœux pour son heureuse délivrance.

— Merci, vous êtes un bon homme. J'étais sûr que cela vous intéresserait. Vous me ferez un grand plaisir en venant me voir.

— Je tâcherai.

— Pezon, tout le monde me connaît. Mon établissement (nous allons passer devant) est à l'encoignure de la rue des Martyrs. Si le cœur vous en dit...

— Non, je vous remercie, pas aujourd'hui, j'ai affaire.

— Eh bien, à l'honneur de vous revoir.

* * *

L'inclination de Victor Hugo pour l'incognito n'avait d'égale que la malechance qui s'obstinait à le trahir en toutes occasions. Reçu comme un bon bourgeois dans les hôtelleries, il ne tardait pas à s'apercevoir à l'éclat du service, aux prévenances étranges des gens que son nom avait été prononcé. Reçu quelquefois assez mal, il voyait cette indifférence se changer en obséquiosité. Heureux quand des députations n'arrivaient pas le désoler par leur caractère officiel! L'hommage des petits lui plaisait davantage. Dans une auberge de Normandie, le garçon de l'hôtel le prend à part.

— Monsieur, vous êtes bien Victor Hugo, n'est-ce pas?

— C'est selon, répond le poète avec la prudence qu'ordonne une pareille question.

— Ah! monsieur, que je suis heureux de vous voir! Je sais par cœur vos vers sur l'*Aumône*, ceux que vous avez écrits pour les pauvres de Louviers. M. le maire m'a fait une scène. « Comment, m'a-t-il dit, Victor Hugo est descendu chez vous, et tu ne me préviens pas! »

Il fallut recevoir M. le maire, et les voyageurs partirent comblés d'honneurs, d'attentions et de politesses.

Mme Drouet montrait, à l'appui de cette histoire, un très beau verre qu'elle avait admiré et que l'hôtesse s'était obstinée à lui céder pour vingt sous.

*
* *

Eugène Godard est venu mettre à la disposition de Victor Hugo le ballon captif de la cour des Tuileries. Le maître a accepté cette offre et se promet beaucoup de plaisir de ce voyage en « plein ciel ». Tout le monde ne partage pas cet enthousiasme, et l'on me gronde d'avoir accueilli la visite de l'aéronaute. On n'envoie pas comme cela Victor Hugo dans les nuages. Et si le câble cassait !

J'explique que le câble ne cassera pas et que le ballon se comportera bien, portant Victor Hugo et sa fortune. N'importe, la famille n'est pas contente, et les petits-enfants sont retenus par leur mère. Cela fait manquer l'ascension qui devait se faire le mercredi 2 juillet 1879.

Mais on ne s'oppose pas facilement aux desseins du poète. Bien que le temps soit mauvais depuis quelques jours, son projet d'ascension persiste. Le samedi suivant, nous quittons Passy par un vent à décorner les bœufs, et nous arrivons dans la cour des Tuileries par une pluie fine battante, qui nous enchaîne à la terre. MM. Godard et Dartois nous font leurs compliments de condoléance et nous allions renoncer à toute ascension, quand le temps s'éclaircit un peu.

Les aéronautes appareillent ; le maître entre dans la grande nacelle circulaire que soutient l'aérostat. Le suivent MM. Paul de Saint-Victor, Maurice Talmeyr, la famille Meurice, Mme Drouet et moi.

On part. Mme Drouet s'est assise au fond de la nacelle et se cache la figure dans ses mains ; bien qu'elle se croie vouée à une mort certaine, elle n'a pas voulu quitter Victor Hugo dans ce danger. Le ballon peut arriver à une altitude de 500 mètres, mais le vent le rabat sur les bâtiments du Louvre, et la corde qui nous retient est tout à fait oblique ; nous ne dépassons pas 250 à 300 mètres.

Cela suffit pour que le point de vue soit merveilleux. Victor Hugo se retient au bord du balcon et s'enivre de grand air ; nous l'entourons. Un coup de vent subit porte l'effort de traction du câble à 10,000 kilogrammes. Le capitaine Godard fait le signal de descente.

On arrive à terre heureusement, en se félicitant d'avoir bravé la tempête. Le ballon ne fera pas d'autre ascension de la journée. On rentre à Passy pour dîner et l'on ne parle que du voyage aérien, si bien que Georges et Jeanne arrachent à leur mère la promesse qu'on les emmènera la prochaine fois.

*
* *

Mᵐᵉ Drouet n'avait naturellement rien vu et n'avait pas brillé par son courage. Elle voulut se réhabiliter et me demanda de la guider avec le Maître dans le parcours circulaire des tramways qu'on venait d'établir. Il s'agissait de partir de l'Étoile et d'arriver à Vincennes par les nouvelles voitures.

Cette partie d'omnibus séduisait absolument Victor Hugo. Un matin, quelques jours après notre ascension en ballon captif, nous montions sur le tramway de l'Étoile qui suit les boulevards extérieurs. Nous étions pleins d'espérance en songeant aux découvertes que nous allions faire. Mais, au bout de cinq minutes, Mᵐᵉ Drouet, qui essayait pour la première fois d'une impériale d'omnibus, se sent prise de vertige; c'est avec beaucoup de peine que nous la faisons descendre et l'accompagnons dans l'intérieur. Presque aussitôt une pluie torrentielle se déclare, et nous ne touchons à la Villette que pour revenir aussitôt, par la même route, à l'avenue d'Eylau.

Si je rappelle cette impression de voyage, c'est qu'elle a été le thème de reproches qui m'ont poursuivi pendant plusieurs années. On me rendait responsable de la pluie, de la boue, du vent, du froid auxquels j'avais exposé mes compagnons, sans oublier le vertige.

AUTOUR DE L'ŒUVRE

On a beaucoup parlé des procédés de composition de Hugo. Il ne prend guère la plume que lorsque l'œuvre à laquelle il rêve est presque achevée dans son cerveau. Ses manuscrits portent peu de ratures.

Il va et vient, se promène ou monte sur une impériale d'omnibus ; il a le regard fixe et l'esprit absorbé. Il m'est arrivé quelquefois de monter sur la même voiture et de m'asseoir auprès de lui, sans qu'il me reconnût.

Lorsque le travail qui le captive est enfin *mûr*, il se place — debout — devant un très haut pupitre, prend de grandes feuilles de papier de Hollande — qui forment ses derniers manuscrits — et écrit sans désemparer le chapitre du roman ou l'acte de drame auquel il songe depuis huit jours.

* * *

Je me suis rendu compte de sa facilité de production, à l'époque de la publication de la seconde série de *la Légende des Siècles*. Paul Meurice reçut des mains de Hugo le manuscrit *ne varietur* de l'ouvrage. Le lendemain, il lui dit en riant :

— Cela manque un peu de femmes.

Le poète ne s'en était pas aperçu.

— C'est juste, dit-il, nous ajouterons une feuille.

Il se prit alors à écrire le groupe des Idylles qui figure dans ce livre. Chaque jour, j'arrivais et je recevais de lui les feuilles qu'il avait remplies le matin et dont l'encre était encore fraîche. Quelques-unes étaient écrites sans aucune variante et avec une netteté parfaite.

* * *

La faculté d'isolement que Victor Hugo possède à un si haut degré le faisait regarder à Jersey et à Guernesey avec un peu de terreur par les bonnes gens peu familiers avec l'idéal. Il aimait d'ailleurs à s'établir au bord de la mer, dans des endroits déserts, sur la plage bretonne ou la plage normande qui se partagent ces îles fleuries, — pour y travailler plus à l'aise.

Quelquefois il récitait ses vers à haute voix pour juger de leur effet et de leur harmonie.

Un jour qu'il déclamait ainsi depuis assez longtemps, il entend un murmure bienveillant et une respiration puissante sur son épaule. Il se retourne et aperçoit une vache sortie de son pâturage, attirée par les gestes et la voix, et qui se tenait près de lui, avec l'air d'entendre et de comprendre, familière et douce.

*
* *

On s'est fort occupé de l'écriture du Maître et des plumes dont il se sert. Cela a donné lieu à toutes sortes de légendes plus absurdes les unes que les autres. Il n'a jamais été exclusif à cet égard ; tout lui est bon pour écrire, pourvu qu'il puisse arriver à écrire à peu près lisiblement.

Angelo, *La Vision du Dante*, qui remontent à une époque éloignée, ont dû être écrits avec des plumes métalliques. On ne peut se figurer le degré de finesse, de ténuité, atteint par l'écriture du Maître dans ces œuvres. Je ne pus copier la

Vision qu'en me servant d'un verre grossissant pour lire l'original. Cela me rappela le mot de Charles Hugo regardant écrire son père, mot qui vient à l'appui de mon observation. L'enfant faisait alors des jambages, et sa petite main était singulièrement lourde.

— Quand on est petit, disait-il, on a une grosse, grosse écriture, et quand on est grand comme toi, on écrit petit, petit !

L'écriture de Victor Hugo s'agrandit avec le temps, et en arriva à cette ampleur qui donne à ses derniers manuscrits un aspect magistral et presque redoutable. *La Légende des Siècles*, *Toute la Lyre* sont écrits ainsi. Il se servait alors de plumes bout-d'aile et d'un magnifique papier de Hollande, dont plusieurs rames lui avaient été envoyées par un admirateur. Il expliquait le développement de son écriture par la faiblesse croissante de sa vue; cependant, j'ai de lui des pages de fine écriture tracées dans ces dernières années, entre autres une lettre qu'il m'écrivit, et toute une grande page de dédicace, par laquelle il voulut me remercier de la copie que j'avais faite de *la Légende des Siècles*.

Il a du reste un motif particulier pour écrire à grands traits. Quand l'insomnie vient le visiter, ce qui est assez fréquent, il compose dans son lit; dès qu'il a précisé la forme de sa pensée, pour ne pas donner trop de travail à sa mémoire, il saute à bas de son lit, et sans perdre de temps à se procurer de la lumière, il s'approche de son bureau où de grandes feuilles de papier sont disposées.

Il écrit alors dans l'obscurité, à l'aventure, de façon à pouvoir retrouver le lendemain les idées et les vers éclos dans son cerveau. On conçoit quel gâchis, quelles taches d'encre peuvent résulter de cette écriture nocturne, emportée quelquefois, et dont la vue même ne vient pas le distraire de son inspiration.

On voit quel rôle secondaire la plume joue dans le travail du poète. Il la tient très régulièrement quand il le veut et d'une façon fort élégante, car il a de belles mains et des ongles très soignés dont la longueur étonne Mlle Jeanne ; elle dit quelquefois « tes griffes ! »

Mais son inclination et peut-être la force des choses le poussent à tenir les plumes d'oie à l'envers. Cela vient de ce qu'il les écrase au bout de quelques lignes, et elles ne marquent plus que de dos ou de côté. Les plus usées sont les meilleures ; il emploie quelquefois des tronçons de plumes, informes, qui font autant de taches que de mots. Catulle Mendès lui apporta un jour un paquet de roseaux fendus qui venaient, je crois, d'Orient. Victor Hugo s'en servit très longtemps et ne les abandonna qu'après les avoir tués sous ses doigts.

Comment la plume métallique, depuis longtemps proscrite, s'introduisit-elle dans la maison? c'est une très simple histoire, et la faute peut m'en être reprochée. Son cabinet de travail mis à part — et encore! — ce qu'on trouve le plus difficilement chez Hugo, c'est « ce qu'il faut pour écrire ».

Quand il voulut bien me confier ses travaux de copie, ne pouvant souffrir la disette à cet égard, j'installai chez lui tout un arsenal de plumes, d'encriers et de porte-plumes. Victor Hugo n'allait pas en chercher d'autres, et tout en protestant contre les plumes métalliques, il en usait sans difficulté. Elles retenaient dans certaines limites les fougues de son écriture effrénée.

Cependant je ne méconnais pas le grand caractère de la plume en liberté, et c'est une plume d'oie que je lui remis pour qu'il pût écrire quelques lignes au bas d'une admirable gravure de son portrait par Bonnat, dont il m'avait fait présent. La plume d'oie se vengea de mon antagonisme par une tache d'encre prodigieuse, grande comme la main, la plus belle tache d'encre qu'un poète ait jamais faite.

*
* *

Victor Hugo, en corrigeant les épreuves de *l'Année terrible*, s'est décidé à retirer quelques pièces satiriques, assez cruelles, dirigées contre des personnages du monde parisien. Mais ces pièces, il nous les a lues hier soir. Paraîtront-elles jamais? J'ai retenu ce court fragment, à l'adresse des envieux que met hors d'eux-mêmes la beauté ou la gloire des autres :

>   ...Quand la rose
> Est belle, vous croyez qu'elle le fait exprès.
> Quel souffle vous auriez, si l'étoile était près !

*
* *

Victor Hugo revendique la création du mot « fulgurant », qu'il prétend avoir employé le premier dans ses vers. J'entends la création française, car la racine du mot saute aux yeux.

On lui attribue également l'introduction du mot « gamin » dans le dictionnaire. Voici ce qu'il en dit lui-même dans *les Misérables :* « Le mot gamin fut imprimé pour la première fois, et arriva de la langue populaire dans la langue littéraire en 1834.

C'est dans un opuscule intitulé *Claude Gueux* que ce mot fit son apparition. Le scandale fut vif. Le mot a passé. »

Sans remonter à M. de Lorgeril, qui n'était pas content du français de notre poète, toute question à ce sujet peut être facilement tranchée. Si les mots dont il s'est servi n'étaient pas français, ils le sont devenus.

*
* *

Ce n'est pas seulement Alexandre Dumas qui a la gloire d'avoir écrit des contes tellement intéressants qu'ils sont arrivés — après coup. On sait qu'on montre au château d'If le cachot où fut renfermé l'abbé Faria, et le couloir par lequel il allait rejoindre l'infortuné Dantès. Notre-Dame de Paris a aussi sa légende, qui s'est emparée de la personne de Victor Hugo lui-même.

Il y a quelques années, on voyait — on la voit peut-être encore — près de la chambre du bourdon, sombre fouillis de charpentes et de cloches, une vigne vierge qui courait le long des colonnettes et ombrageait une petite masure accrochée comme un nid d'hirondelles aux murs de la cathédrale.

Mme Drouet avait prié le poète de lui faire les honneurs de « son église »; avec sa galanterie chevaleresque et son goût pour les ascensions, il s'y était aisément décidé. Comme ils passaient sur ce merveilleux balcon qui plane au-dessus du parvis, le cicerone obligé leur montra la maisonnette égayée d'un feuillage vert.

— C'est là, dit-il, que Victor Hugo s'est retiré, au temps de sa jeunesse, quand il écrivait son fameux ouvrage.

— Vous en êtes bien sûr ?

— Assurément, madame, et pas un voyageur ne manque de visiter sa chambre. Maintenant elle sert de demeure au gardien des cloches.

— Et l'inscription dont parle Victor Hugo dans son livre : ΑΝΑΓΚΗ, existe-t-elle encore ?

— Bien sûr. Mais il y en a plusieurs dans l'escalier, et je ne saurais vous dire laquelle est la bonne.

*
* *

L'histoire des *Deux Jumeaux*, drame inédit de Victor Hugo, qui restera peut-être toujours inconnu, est fort singulière. Le Maître n'aime point à en parler ; mais Mme Drouet nous l'a dite devant lui.

L'imagination du poète avait été séduite par cette légende qui fait du « masque de fer » un fils d'Anne d'Autriche, frère jumeau de Louis XIV. Ce second fils, arrivé quelques heures après le premier déjà reconnu par les témoins qui avaient assisté à l'accouchement de la reine, se trouvait être, d'après des règles que nous n'approfondirons pas, l'aîné des deux enfants et le véritable héritier du trône. Il en résultait une perspective de dissensions politiques qui pouvaient troubler pour longtemps la tranquillité du royaume. On résolut de faire disparaître l'enfant dernier venu, dont la naissance n'était connue que de quelques courtisans intimes, et la malheureuse créature aurait été condamnée par la raison d'État à une captivité perpétuelle.

Le masque de fer s'expliquait par la nécessité de dissimuler une ressemblance parfaite entre les deux frères.

Un tel sujet avait de quoi attirer la pensée du poète et montrer les ressources de son génie. L'antithèse existait dans le sujet même; la rencontre des deux frères, la possibilité d'une confusion entre eux, entraînaient des scènes émouvantes et des secousses dramatiques de premier ordre. Victor Hugo commença à écrire la pièce en vers, avec cette rapidité qui lui était habituelle, avec cette sûreté de touche qui donnait à ses productions une forme parfaite alliée à toute la fougue de l'improvisation.

Contre son habitude, il parla prématurément de son œuvre. Content de ce qu'il avait fait, il en lut quelques passages dans une soirée tout intime, à son ami Boulanger, qui s'en montra enthousiasmé.

Cet enthousiasme fut bavard ; Louis Boulanger, le soir même, raconta devant quelques personnes la nouvelle œuvre du poète et l'impression profonde qu'elle avait produite sur lui. Au nombre des auditeurs se trouvait Alexandre Dumas père. Nous n'avons pas l'intention d'accuser ce grand romancier d'un plagiat quelconque ! Mais les idées qui flottaient autour de lui devenaient facilement les siennes ; il s'en emparait avec une aisance et une naïveté qui ne permettaient guère de lui en vouloir. Quelque temps après, sans songer peut-être au récit de Louis Boulanger, il écrivait *le Vicomte de Bragelonne*.

Hugo l'apprit ; Louis Boulanger confessa sa faute, et dans un premier mouvement de colère, Hugo jeta au feu le manuscrit des *Deux Jumeaux*, drame en vers, qu'il avait poussé jusqu'au quatrième acte...

— Non, dit Mme Drouet qui se souvenait fort bien d'avoir vu le manuscrit, vous ne l'avez pas jeté au feu. Vous l'avez emporté et enfoui dans quelque coin où on le retrouvera un jour !

*
* *

Ce que Victor Hugo redoute le plus, c'est l'indiscrétion, surtout en ce qui concerne ses œuvres inédites. Ce n'est qu'après m'avoir éprouvé longtemps qu'il se décida à me confier la copie de ses manuscrits. Le fameux nettoyage de son cabinet de travail de la rue de Clichy y fut pour quelque chose. Je trouvai sous mes pieds, à l'abandon, des notes et des lettres absolument intimes, des chèques d'une date éloignée (un chèque de dix-sept mille francs, entre autres), et je me permis de lui reprocher respectueusement cet excès de négligence. Ces papiers étaient mêlés à des amas de journaux qui dataient de plusieurs années. Je les faisais emporter par sacs. Victor Hugo ne jette et ne brûle rien ; d'ailleurs si l'on eût voulu brûler quelque chose dans cet encombrement, le feu se serait mis sûrement à la maison. Mais le poète ne fume jamais, et je l'imite à cet égard.

Je reste donc muet sur les curiosités que je rencontre dans ses armoires, et je connais son testament depuis l'année 1875 où j'entrai plus complètement dans son intimité.

Ce silence imperturbable que je garde sur mes découvertes l'impatiente quelquefois, et quand nous sommes en comité tout à fait intime, il me le reproche, car il a le génie de la taquinerie.

— Ainsi, me dit-il un jour, vous avez copié *Torquemada*, et vous ne m'en dites rien?

Torquemada était à cette époque l'œuvre inconnue qui excitait peut-être le plus la curiosité du public. La demande me délia la langue, et je dis au poète l'admiration que j'avais ressentie en voyant de quelle façon il avait pris, dépeint et créé cette terrible figure qui procédait de son génie plus que de la réalité.

— Qu'en savez-vous? me dit-il brusquement.

Mais nous fûmes entièrement d'accord, quand je lui parlai de *la Grand'Mère* et de *la Forêt mouillée*, ces deux chefs-d'œuvre (1).

* * *

La Grand'Mère est une petite comédie en vers dans laquelle il n'y a, à proprement parler, qu'une situation. Mais avec quel art infini elle est développée.

Une princesse s'est opposée d'une manière absolue au mariage d'un de ses fils avec une créature indigne. Sa colère, ses menaces, sa malédiction n'ont rien pu sur le cœur d'un enfant obstiné qui l'a abandonnée pour suivre sa fortune et contracter le mariage qui le retranchait de la famille. Au bout de quelques années, l'inflexible souveraine apprend que la famille pros-

---

(1) On en peut parler librement aujourd'hui, car ils ne tarderont pas à paraître.

L. R.

crite est cachée dans une forêt voisine, avec deux enfants nés de l'union détestée. Elle part, guidée par ses espions, avec l'intention d'écraser ce nid de vipères; elle va, farouche, semblable à la Médée antique, et l'on s'attend à d'horribles péripéties. Je sais qu'en copiant le drame, j'en étais arrivé à un point extrême de terreur, quand en tournant la page je lus le mot Fin. Comment, Fin? De quelle façon le poète va-t-il dénouer en quelques vers une situation si compliquée et si tendue? Quelles excuses vont fournir les époux? Comment s'apaisera la fureur vengeresse de l'aïeule outragée? Imbécile! C'est de moi que je parle, bien entendu. Deux petits enfants sortent de la cabane, voient l'étrangère et lui tendent les bras... Et la grand'mère fond en larmes, les embrasse et leur demande pardon.

* * *

La Forêt mouillée n'est pas une pièce de théàtre, mais une idylle d'une fraîcheur incomparable. La pluie a passé sur la forêt, et tout y prend la parole, les arbres, les herbes, les feuilles et les fleurs, les oiseaux et les insectes.

* * *

Ces deux merveilles n'ont pas l'allure épique de *l'Épée*. Ce drame en vers, en trois parties, — sauf erreur, — est d'une allure hautaine et sévère, et rappelle les plus belles pages de *la Légende des Siècles*.

* * *

Il y a, dans *le Théâtre en liberté*, car c'est le titre sous lequel le poète a rassemblé ces études dramatiques, des pièces singulières et qui paraîtront étrangères au génie de Hugo. C'est le cas d'un petit drame en prose, que des journaux bien informés ont voulu nommer *Zut!* et qui s'appelle en réalité : *Peut être un frère de Gavroche*. Comment a-t-on trouvé le mot : Zut? Il est à croire que Victor Hugo, poussé à bout par quelque indiscret ami qui lui demandait des renseignements sur son théâtre inédit, aura répondu, dans un moment de gaieté, par cette exclamation familière, et que l'ami l'aura inscrite naïvement comme un titre d'ouvrage.

La pièce développe un caractère de gamin de Paris, railleur et bienfaisant, qui se moque des gens, tout en les sauvant de grands dangers et en leur rendant les plus grands services. Les éléments de l'action sont tirés en grande partie du passage d'un chemin de fer à travers l'ouvrage. Le théâtre représente une voie ferrée, ornée d'un disque-signal. C'est sur ce disque que l'héroïsme de Gavroche s'exerce, avec une bonne humeur inépuisable. La pièce est amusante, mais n'ajoutera rien à la gloire du poète.

* * *

Je l'aime pourtant mieux qu'un acte de vaudeville ou de comédie, qui se passe entre deux amoureux et qui pourrait bien s'appeler : *Cinquante mille francs de rente*. Mais je n'en suis pas sûr et ne veux rien avancer.

* * *

Victor Hugo s'était décidé à faire paraître la nouvelle série de *la Légende des Siècles*. Il nous en avait lu quelques pages. L'ouvrage n'avait pas été copié, et il a l'habitude de conserver ses manuscrits qu'il n'envoie jamais à l'imprimerie. Je lui offris de copier les deux volumes, et le fis assez rapidement, malgré l'exactitude absolue qu'il exige de ses copistes. Ce travail fut contrôlé par Mme Drouet, point à point, virgule à virgule. Pour ma part, j'étais enchanté qu'il m'eût été confié.

Lire le premier ces pages merveilleuses était

une joie rare et profonde. J'avais le courage de ne pas devancer la copie par la lecture et n'apprenais ces vers magnifiques qu'à mesure qu'ils arrivaient sous ma plume. Je me disais souvent au milieu d'une action, au bas d'une page : Comment va-t-il s'en sortir? Comment cela va-t-il continuer ? C'étaient à chaque instant des surprises nouvelles, de nouveaux éblouissements. J'étais vraiment fier de lire de telles choses, inconnues au reste du monde. Quand l'ouvrage parut, le Maître m'en offrit un très bel exemplaire sur papier du Japon, et voici ce qu'il écrivit à la première page du livre. La louange est excessive, mais je me résigne à la publier :

« M. Richard Lesclide est un esprit charmant, compliqué d'un cœur excellent. Cela l'entraîne à des imprudences. Il m'a vu un jour embarrassé du manuscrit de *la Légende des Siècles*, et hésitant à le livrer à l'imprimerie sans copie. Il m'offrit d'en faire la copie. Il fallait une discrétion absolue et un dévouement infatigable. Il a eu toutes ces vertus, et j'en ai abusé. C'est grâce à sa bonne volonté cordiale et exquise que ce livre a pu paraître à jour fixe, le 26 février 1877, en même temps que la première heure de ma soixante-seizième année.

« Victor Hugo. »

La célébrité de Victor Hugo ne date guère que des *Odes et Ballades*. Mais il nous a fait des confidences amusantes sur ses premiers essais et sur l'éveil de sa vocation. On l'avait placé à la pension Decotte, où la fièvre littéraire régnait dans toute son intensité. On n'y faisait pas seulement des tragédies ; on les jouait pendant les récréations.

La figure épique de Roland le séduisit dès cette époque. Dieu sait tous les vers qu'il écrivit !

On eût dit qu'il devinait le mot de Théophile Gautier, qui prétendait qu'il fallait avoir fait cinquante mille vers d'apprentissage pour arriver à en fabriquer de bons. Le papier noirci par l'élève Victor dépassait toutes les proportions connues. Il écrivit *Artamène*, tragédie; *Athélie* ou les *Scandinaves*, des chansons, des parades et jusqu'à des opéras-comiques. Avec une modestie particulière, il réunit ces premiers travaux dans des cahiers intitulés : *les Bêtises que je faisais avant ma naissance.*

En 1817, il concourut clandestinement, et avec la pudeur d'un débutant, pour le prix de poésie de l'Académie Française. Le sujet imposé était : « Le bonheur que procure l'étude dans toutes les situations de la vie. »

Le jeune Victor fit parvenir son ouvrage à la docte assemblée ; vous devinez ses battements de cœur ! Ses vers furent remarqués, mais il avait eu la maladresse de parler de son âge dans son travail. — Moi, disait-il,

> Moi qui toujours fuyant les cités et les cours,
> De trois lustres à peine ai vu finir le cours...

Cela parut étrange aux académiciens chargés de juger les compositions. Comment un enfant de quinze ans aurait-il pu fuir les cités et les cours? On crut à une mystification, et le poème n'obtint qu'une mention honorable. Le rapport disait d'une façon assez désobligeante :

« Si réellement M. Victor Hugo n'a que cet âge, l'Académie lui doit un encouragement. »

Mme Hugo ne voulut pas qu'on mît en doute la parole de son fils. Elle monta en voiture avec Victor, et se fit conduire chez M. Raynouard, secrétaire de l'Académie, pour lui montrer l'acte de naissance de l'enfant. M. Raynouard n'eut pas besoin de voir l'acte en apercevant le poète ; il s'excusa auprès de la mère et fit mille compliments au jeune homme.

Le même jour, il en parla à ses confrères de

l'Académie, et c'est à cette occasion que M. de Chateaubriand prononça le mot bien connu : « Cet enfant est un enfant sublime. »

M. Alexandre Soumet revendiqua plus tard la paternité de ce mot, qui peut très bien avoir eu deux pères.

François de Neufchâteau, l'un des doyens de l'Académie, fut plus expansif. Il voulut voir le jeune lauréat et lui adressa même une épître où l'on trouvait ces paroles :

Tendre ami des neuf Sœurs, mes bras vous sont ouverts ;
    Venez, j'aime toujours les vers.

Cet enthousiasme dura peu, et le même François de Neufchâteau, ouvrant quelques années après le volume des *Odes et Ballades*, s'écria : — Quel dommage ! Il avait si bien commencé ! Il se perd ! il se perd !

Les *Odes et Ballades* étaient en effet une sorte de manifeste du poète et de l'école nouvelle; elles retentirent comme un clairon. L'édition s'enleva avec rapidité ; cela permit au poète d'avancer l'époque du mariage qu'il rêvait avec cette Pépita dont le nom s'est retrouvé si souvent sous sa plume. Pépita déguisait le nom de son amie d'enfance, de la brune jeune fille avec laquelle il avait joué et rêvé longtemps au jardin des Feuillantines, Mlle Adèle Foucher. Les *Odes et Ballades* parurent en juin; le mariage eut lieu en octobre 1822 ; en décembre, la seconde édition des *Odes* parut avec une préface, comme Victor Hugo sut toujours les faire, préface qui eut un long retentissement. Ce fut la première étape du poète dans la route glorieuse qui devait le conduire plus haut qu'aucun homme n'est jamais arrivé.

* * *

Les Misérables, précisément à cause de leur valeur, de leur étendue et des hautes questions sociales qu'ils soulèvent, furent attaqués avec âpreté. L'admiration inspirée par ce livre, son succès prodigieux surtout, firent naître d'amères critiques et peut-être de grosses jalousies. Il fut presque un brandon de discorde entre Victor Hugo et Lamartine.

Celui-ci écrivit dans son *Cours de littérature* plusieurs articles intitulés: *Considérations sur un chef-d'œuvre, ou le danger du génie*, dans lesquels, en admirant la fable de l'auteur, il critiquait les idées fondamentales du livre et le système social qui semblait en dériver. Il ne s'était pas lancé dans cette affaire sans en prévenir son vieil ami, et lui avait presque demandé la permission d'exprimer librement sur sa grande œuvre son admiration et sa réprobation. Victor Hugo lui donna toute licence à cet égard et lui écrivit cette lettre :

« Cher Lamartine,

« Il y a longtemps, en 1820, mon premier bégayement de poète adolescent fut un cri d'enthousiasme devant votre éblouissant soleil se levant sur le monde. Cette page est dans mes œuvres et je l'aime ; elle est là avec beaucoup d'autres qui vous glorifient. Aujourd'hui vous pensez que l'heure est venue de parler de moi, j'en suis fier ; nous nous aimons depuis quarante ans, et nous ne sommes pas morts. Vous ne voudrez gâter ni ce passé ni cet avenir, j'en suis sûr ; faites donc de mon livre ce que vous voudrez, il ne peut sortir de vos mains que de la lumière !

« Votre vieil ami,

« Victor Hugo. »

Lamartine ne se laissa pas rogner les griffes par cette lettre. Les articles parurent sous forme d'entretiens ; il est difficile de ne pas les trouver cruels. Selon lui *les Misérables* de Hugo sont des coupables, des coquins et des paresseux.

Il parle d'ailleurs des *Misérables* pour envelopper toute l'œuvre de Hugo dans une sorte de proscription ; il déclare ne rien comprendre à *Hernani* ni à *Ruy-Blas*, et justifie un mot de Victor Hugo, prononcé longtemps auparavant :

— J'ai un avantage sur Lamartine : c'est que je le comprends tout entier, et qu'il ne comprend pas la partie dramatique de mon talent.

* * *

La popularité des *Misérables* pouvait consoler de bien des choses. A peine publié, le livre fut traduit dans toutes les langues ; il éclata dans le monde entier comme une traînée de poudre. En Amérique, pendant la guerre de sécession, les soldats lisaient les *Misérables* au bivouac.

— Il y a, nous disait Victor Hugo, entre la foule et moi quelque chose qui fait que nous nous aimons et que nous nous comprenons.

* * *

Eugène Renduel vint voir Victor Hugo pour lui acheter la première édition du *Roi s'amuse*. Le traité fut conclu sans difficulté, au prix de un franc de droits d'auteur par exemplaire ; on devait tirer à deux mille exemplaires.

Quelques jours après le poète va au ministère.

— Eh bien, lui dit-on, vous devez être content.

— Pas trop, dit-il; l'interdiction ne sera pas levée.

— Mais quel succès de librairie!

— Croyez-vous?

— Parbleu! Nous venons de recevoir la déclaration de l'imprimeur ; il tire à vingt mille.

— Ah! fait Hugo; c'est bon à savoir.

Il prend une voiture ; il arrive chez Renduel.

— Eh bien, lui dit Hugo, *le Roi s'amuse* va-t-il?

— Il ne va pas mal.

On cause pendant un quart d'heure. Rien qui ait trait à la question de tirage du livre. Le poète met vainement l'éditeur sur la voie. Soit oubli, soit distraction, Renduel ne s'explique pas.

— Enfin, dit Victor Hugo impatienté, est-il vrai, n'est-il pas vrai que vous ayez fait un tirage à vingt mille?

— En effet, dit Renduel un peu ému, et j'allais vous en prévenir. Voici un bon de vingt mille francs.

*
* *

Victor Hugo lut un soir à Jersey les *Pauvres Gens*, qu'il venait d'écrire. Mme de Girardin, qui était présente, fut touchée jusqu'aux larmes de ce chef-d'œuvre dont elle ne retint exactement que le dernier vers :

Tiens, dit-elle en ouvrant les rideaux, les voilà !

Le lendemain elle demanda une copie de ces vers à Hugo. C'était la chose impossible. Le poète la pria d'attendre que les vers fussent imprimés.

Mme de Girardin revint à Paris. Les *Pauvres Gens* la hantaient. Elle les raconta d'un bout à l'autre à Charles Lafon qui n'en fut pas moins enthousiasmé qu'elle.

— Savez-vous ce que j'ai fait? lui dit Charles Lafon au bout de quelques jours. Vos *Pauvres Gens* m'empêchaient de dormir. Pour m'en débarrasser, je les ai écrits, comme j'ai pu, en les raccordant au vers de la fin. Si vous voulez venir au concert ce soir, vous les entendrez.

— Mais, fit Mme de Girardin, Victor Hugo sera certainement fâché de cela.

— Croyez-vous? Qu'il donne sa pièce alors.

« Et voilà comment, ajoutait Hugo, je puis, d'un moment à l'autre, être accusé de plagiat. »

Le Maître nous racontait cette histoire en souriant, mais on voyait qu'elle l'avait affecté. Elle a du reste des points de ressemblance avec ce que nous avons dit des *Deux Jumeaux* et de la scène capitale du *Vicomte de Bragelonne*.

*
**

A cette époque (1874-1875), le poète m'avait confié l'arrangement de son cabinet de travail de la rue de Clichy, et j'y faisais tous les jours des fouilles. On y marchait sur un tapis épais de papiers de toutes sortes, car le maître avait défendu qu'on en enlevât jamais rien. Quand son bureau était trop chargé de livres et d'écritures, cela glissait à terre, et il n'en était plus question. Une nouvelle couche se formait à la place de celle qui venait de tomber dans le gouffre. On n'a pas l'idée d'un pareil capharnaüm. Une dame fortement recommandée vint un jour réclamer à Mme Drouet un manuscrit qu'elle avait apporté quelques jours auparavant. Les premières recherches furent infructueuses. La dame revint ; Mme Drouet ouvrit la porte du cabinet où je travaillais et me demanda des nouvelles de l'ouvrage égaré. Je n'avais pu le trouver.

— Mon Dieu ! fit la dame en s'avançant, il est très reconnaissable ; si vous voulez me permettre d'entrer et de chercher un peu là dedans, je le reconnaîtrai sans doute.

— Madame, s'écria Mme Drouet, avec indignation, personne n'entre ici ; vous me passeriez plutôt sur le corps !

Et elle poussa la visiteuse indiscrète jusqu'à la porte qui se referma sur elle.

Pourtant, on finissait par tout retrouver là dedans ; l'œuvre inédite de Hugo en sortit à peu près complète. Je la séparai de ses papiers d'affaires, de ses lettres intimes, du *Tas de pierres* et des *Rouleaux bleus*, titres sous lesquels il classait des notes, des souvenirs, des éléments d'ouvrages, enfin de ses carnets personnels et de ses albums. Quand ce travail fut à peu près terminé, nous en fîmes l'inventaire, et le Maître s'informa des *Deux Jumeaux ;* je n'avais rien vu qui les rappelât.

* * *

Quelques années se passèrent ; le poète fit, en 1878, son voyage de Guernesey, où je le suivis. Il comptait y retrouver le drame perdu. Comme il s'occupait alors d'autre chose, il remettait toujours ses recherches au lendemain.

En 1881, à peu près au temps de l'admirable ovation populaire qui lui fut faite à l'occasion de son anniversaire, l'idée de revoir les *Deux Jumeaux* s'empara de son esprit. Il croyait, sans l'affirmer absolument, les avoir aperçus à Guernesey pendant ses années d'exil, et ne se souvenait pas de les avoir rapportés à Paris. Ils devaient donc être à Guernesey. Mme Drouet me demanda si je ferais le voyage pour y chercher le drame introuvable? Je m'y accordai volontiers. Quelques jours après, on me dit que je ferais le voyage avec M. Paul Meurice; j'appris enfin que M. Paul Meurice était parti seul.

Nous sûmes à son retour qu'une exploration exacte de Hauteville-House n'avait produit aucun résultat. Victor Hugo s'en montra fort contrarié; il faut regretter avec lui la perte de ces vers presque contemporains d'*Hernani*.

Les manuscrits de Victor Hugo furent placés en 1878 dans une armoire de fer qui devait les protéger au besoin contre l'incendie. Cette mesure de précaution lui fut suggérée par ses amis. L'armoire fut placée dans un enfoncement du mur de la chambre où il dormait, de manière à ce qu'il eût constamment ces manuscrits à sa portée. Son œuvre, en effet, constituait, avec ses petits-enfants, le principal intérêt de sa vie.

On ne s'en tint pas là. L'armoire de fer ne reçut qu'un exemplaire de chacun de ses ouvrages inédits. Ils furent copiés et les copies placées dans des mains sûres pour éviter toute chance de destruction.

Avant l'armoire de fer, les manuscrits de Hugo étaient placés dans de grandes malles, d'où il était assez difficile de les tirer. Pour avoir ceux du fond on était obligé d'enlever tous les autres. C'est dans une de ces malles que des amis du Maître réunirent ses œuvres inédites pendant la conspiration monarchique du 16 mai. On craignit un moment un coup d'État et un coup de main. La malle quitta la maison du poète et passa quelques mois dans les greniers d'un collège de Paris, par les soins de M. Koch, neveu de Mme Drouet, que j'accompagnai dans cette expédition.

Le 16 mai sombra et la malle reparut.

*
* *

Une partie considérable de l'œuvre inédite de Victor Hugo consiste dans des notes isolées, des vers, des fragments, qu'il se réservait de réunir, de combiner et de mettre en œuvre. Ces matériaux sont innombrables.

— L'œuvre que je rêve et que je prépare, nous disait-il quelquefois, est bien plus importante que celle que j'ai publiée. L'homme devrait vivre deux cents ans. Ce n'est pas trop de cent ans pour arriver à la maturité absolue de l'intelligence, à la perfection de la forme, à la sûreté du jugement et de l'expression.

Quel regret ! Et l'homme qui parlait ainsi était le plus grand travailleur du monde. On ne s'étonne pas de l'étendue de son œuvre, quand on pense qu'il a passé plus de soixante ans courbé sur elle. Soixante ans à dix heures par jour ! car il n'avait pas de loisirs et ne se délassait que dans son œuvre. Si l'on en excepte une année de maladie où il s'est forcément reposé, il s'est toujours tenu sur la brèche. L'homme politique a complété en lui l'homme littéraire ; on ne pouvait lui assigner de limite, ni borner son génie. Rien de ce qui était humain ne pouvait lui être étranger. Ce créateur infatigable nous répétait souvent :

« *Nulla dies sine linea ;*

c'est ainsi qu'on bâtit une œuvre impérissable. »

Les matériaux dont je parle avaient reçu de lui le nom d'Océan. Tout en sortait, tout s'y engloutissait. Le poète avait pour le papier le respect traditionnel des Chinois. Il réunissait les feuilles éparses, les bouts de lettres qu'il trouvait sous sa main dans de petits cahiers qu'il intitulait : « Papier blanc. » Et ce papier blanc était rempli à un moment donné de souvenirs, de notes, d'idées, de vers jaillissants. Quand il n'en avait pas sous la main, les livres, les journaux qu'il trouvait à sa portée se couvraient de mémentos qui se développaient parfois et prenaient des proportions inattendues.

Je connais trois sortes « d'Océans » dans les papiers de Victor Hugo. Le premier, que je crois le plus ancien, se compose de quinze à vingt rouleaux presque tous renfermés dans des feuilles de papier bleu.

Le deuxième, formé de cahiers ou de paquets, est étiqueté par lui : « Tas de pierres. » Cela s'entend : des pierres à bâtir des littératures.

J'ai classé les derniers flots de cet Océan en vingt liasses à peu près, dix intitulées *Prose*, dix intitulées *Vers*. La besogne était si considérable, que c'est à peine si j'avais le temps de lire de temps à autre les notes qui attiraient mes yeux. Le souvenir le plus précis que j'aie gardé de cette revue d'innombrables petits papiers, c'est celui de feuilles contenant des vers charmants, originaux, trouvés, en marge desquelles était écrit ce mot : *Comédie*.

Il est évident pour moi que l'idée d'écrire des comédies en vers a longtemps poursuivi Victor Hugo et qu'il économisait en prévision de cette dépense.

Ce que tout cela va devenir, je l'ignore, mais il

y a des merveilles incomparables dans cet extraordinaire fouillis. Quels éléments d'anthologie ! Cela vous éblouit et vous décourage à la fois. Les hommes comme Hugo ne devraient pas mourir. C'est injuste.

LE THÉATRE

Victor Hugo, dans ses confidences sur le théâtre de jadis, parle sans enthousiasme de M{{}}^{lle}$ Mars, admire Rachel sans passion — citant volontiers à propos d'elle le mot de Frédérick Lemaître : « Rachel ? la perfection, et rien de plus ! » — s'attendrit au souvenir de cette grande et pathétique Dorval qui fut si magnifiquement émouvante dans *Angelo!* Mais à quelqu'un qui l'interrogeait sur Frédérick — c'était la veille des funérailles de ce dernier — il répondit :

— Il y a comme une famille d'esprits puissants et singuliers qui se succèdent et qui ont le privilège de réverbérer pour la foule et de faire vivre et marcher sur le théâtre les grandes créations des poètes ; cette série superbe commence par Thespis, traverse Roscius et arrive jusqu'à nous par

Talma ; Frédérick Lemaître en a été, dans notre siècle, le continuateur éclatant. Il est le dernier de ces grands acteurs par la date, le premier par la gloire. Aucun comédien ne l'a égalé, parce qu'aucun n'a pu l'égaler : les autres acteurs ses prédécesseurs ont représenté les rois, les pontifes, les capitaines ; ce qu'on appelle les héros, les dieux ; lui, grâce à l'époque où il est né, il a été le peuple. Pas d'incarnation plus féconde ni plus haute. Étant le peuple, il a été le drame ; il a eu toutes les facultés, toutes les forces et toutes les grâces du peuple ; il a été indomptable, robuste, pathétique, orageux, charmant ; comme le peuple, il a été la tragédie et il a été aussi la comédie. De là sa toute-puissance, car l'épouvante et la pitié sont d'autant plus tragiques qu'elles sont mêlées à la poignante ironie humaine. Aristophane complète Eschyle, et ce qui émeut le plus complètement les foules, c'est la terreur doublée du rire. Frédérick Lemaître avait ce double don ; c'est pourquoi il a été, parmi tous les artistes dramatiques de son époque, le comédien suprême.

*
* *

Le soir de la première représentation de *Lucrèce Borgia*, au théâtre de la Porte-Saint-Martin, comme on posait le décor du second acte, le poète bondit. Il avait indiqué sur son manuscrit « une porte dérobée », et les décorateurs, dans leur zèle, l'avaient transformée en porte monumentale.

— Cela ne peut pas rester ainsi, dit Victor Hugo.
— Que voulez-vous faire? répondit Harel.
— M. Séchan est-il ici?
— Non, il est allé dans la salle juger de l'effet de ses décors.
— Avez-vous de la couleur, des pinceaux?
— Oui, les peintres ont travaillé toute la journée. Mais vous n'allez toucher à rien, je suppose?
— Vous allez voir.

On apporte les pinceaux et la couleur. Victor Hugo se jette sur la porte, fait disparaître à grands coups les dorures et les ornements malencontreux. Et, se tournant vers Mme Juliette Drouet, qui jouait la princesse Négroni et qui assistait à cette étrange scène:

— Madame, lui dit-il, prenez garde à la peinture!

*
* *

On s'est entretenu d'une actrice d'autrefois qui a eu son jour de réputation à Paris et qu'on appelait Héléna Gaussin. Elle avait joué *Marie Tudor* avec un certain succès, à l'Odéon, je crois, et sa beauté monumentale, un peu farouche, s'accordait aux violences de ce rôle superbe. Victor Hugo lui écrivait et l'appelait « Ma belle reine », pour affaires de théâtre évidemment. Cette pâle jeune femme avait l'air d'une statue antique drapée dans une lourde robe de velours noir. Pas d'autre ajustement, pas un ruban, pas une dentelle, rien qu'un collier plat de velours noir entourant étroitement son cou de marbre. Ses cheveux, enroulés en une torsade unique, étaient ramenés en avant sur son épaule et tombaient à flots sur sa poitrine opulente. De grands yeux noirs, une figure régulière, un peu froide. Balzac la choisit pour lui confier le rôle de La Brancador dans *les Ressources de Quinola*, et Victor Hugo assista à cette représentation orageuse où le parterre se souleva devant ce cri de l'héroïne : « La haine n'est pas le contraire de l'amour, c'en est l'envers. » Quel vacarme! quel tapage! c'était comme une suite aux luttes d'*Hernani*.

Quelqu'un nous dit la fin de cette étrange artiste qui ne dura que quelques années. Mlle Héléna Gaussin courut la province avec le répertoire de Victor Hugo sous le bras. Le poète n'était pas alors accepté par la bourgeoisie, qui s'épouvantait de ses audaces. L'actrice de Paris avait fort à faire pour lutter contre la malveillance de l'école classique. Elle se consolait de ses déboires et de ses échecs par des amours idylliques. A Toulouse, elle rencontra un jeune étudiant qu'elle épousa, et s'empoisonna quelque temps après.

***

On a repris *Marie Tudor*. Hugo nous dit combien le directeur Harel l'avait tourmenté, à l'époque de la première représentation de cette pièce au théâtre de la Porte-Saint-Martin, en 1833.

Il vint trouver l'auteur :

— Ah ! fit-il, quelle superbe affiche ! Vous savez aussi bien que moi que *Marie Tudor* fut surnommée *Marie la Sanglante*. Voilà le véritable titre du drame. Il n'en faut pas chercher d'autre.

— Il n'en faut pas chercher d'autre, fit Hugo, que celui que j'ai écrit.

— Mais c'est de l'histoire !

— N'importe.

— Eh bien, prenons un moyen terme. Appelons la pièce *Marie la Catholique*.

Victor Hugo refusa. Cette modération ne lui fut pas comptée. Les journaux bien pensants s'indignèrent du rôle qu'il faisait jouer à cette bonne Marie.

— Quoi ! s'écriaient-ils, il a osé toucher à cette figure angélique, une des plus pures incarnations de la royauté anglaise ! Marie Tudor, la reine

Marie, cette auguste et noble femme, ce rayon, cette étoile, cette pureté, cette candeur ! Il a osé la méconnaître et lui donner des passions de forcenée. Qu'en savez-vous, monsieur Hugo, y étiez-vous seulement ?

— Mon Dieu ! repondait Hugo, je n'y étais pas, mais il faut pourtant compter l'histoire pour quelque chose. Il y a quelque apparence qu'on ne donne pas le surnom de Sanglante aux princesses qui se font des récréations innocentes et des divertissements badins. Et le R. P. Griffet a décrit en quelques mots la physionomie de son règne : « On ne voyait dans Londres que des potences et des échafauds. »

*
* *

Amy Robsart, drame en cinq actes, date de la première jeunesse de Hugo, mais on aurait tort de le lui attribuer entièrement. Cette pièce, qu'il écrivit à dix-neuf ans et en laquelle il n'avait pas une grande confiance, demeura longtemps dans ses tiroirs.

Son beau-frère, Paul Foucher, plus jeune encore que lui, voulut la connaître ; Victor Hugo lui prêta volontiers son manuscrit. Foucher s'éprit d'*Amy Robsart*, et comme l'auteur n'en voulait rien faire :

— Donne-moi ta pièce; dit Foucher.

— Qu'en feras-tu ?

— Je la ferai jouer ; cela m'ouvrira un théâtre.

— Prends-la, mais elle sera de toi désormais.

— Et de Walter Scott. Tu m'autorises à y faire des changements ?

— Tous ceux que tu voudras ; il est bien entendu que je ne m'en occupe en rien.

Amy Robsart fut porté au théâtre de l'Odéon et reçu sans difficulté. Eugène Delacroix en dessina les costumes. Le drame entra en répétitions.

Malgré les conventions faites, on ne garda pas le secret sur le nom du véritable auteur. Le directeur avait trop intérêt à commettre des indiscrétions à ce sujet.

Amy Robsart fut joué par les meilleurs artistes du théâtre, et sifflé d'un bout à l'autre. La critique vint ajouter à ces rigueurs ; le *Journal des Débats* exécuta l'ouvrage en deux mots :

« Les sifflets et les éclats de rire, dit-il, ont fait justice de cette vieille nouveauté. »

Alors Victor Hugo, héroïquement, écrivit aux journaux que tout ce qu'il y avait de mauvais dans la pièce était de lui.

Cet acte d'abnégation littéraire émut la jeunesse du quartier latin. On voulut revoir le drame, qui devint l'occasion de luttes assez vives. C'était comme une esquisse, une petite répétition des batailles futures d'*Hernani*...

La pièce fut interdite pour cause de tapage nocturne.

※

Qui donc a dit que Victor Hugo est un ennemi de la musique ? Tout le monde, et tout le monde n'a pas complètement tort. Pourtant on peut invoquer des circonstances atténuantes. De ce qu'on n'est pas épris outre mesure des grands airs et des refrains d'opéra, il ne s'ensuit pas qu'on soit musicophobe.

La première rencontre du poète avec la musique est bonne à raconter. Il venait de donner à M. Harel, directeur de l'Odéon, le manuscrit de *Lucrèce Borgia* ou *le Souper de Ferrare*.

M. Harel l'avait accepté avec un enthousiasme sans égal; Frédérick Lemaître et Mlle Georges devaient remplir les principaux rôles de la pièce ; le grand acteur, pouvant opter entre les personnages de Gennaro et d'Alphonse d'Este, avait choisi le premier, comme étant le plus difficile et le plus dangereux.

Le directeur Harel, ce Mercadet du théâtre, était dans un enthousiasme indescriptible et choyait l'auteur et la pièce comme une poule aux œufs d'or. Il se bourrait le nez de tabac, en offrait à tout le monde, embrassait ses amis, souriait à ses ennemis et marchait dans son rêve étoilé. Il tenait son drame.

Mais cela ne lui suffisait pas. Il prit Victor Hugo à part, derrière un portant de coulisses, et, après un préambule embarrassé, lui dit qu'il avait quelque chose à lui demander.

— Quoi? dit l'auteur.

— Vous ne vous fâcherez pas? Si j'en parle, c'est pour vous soumettre humblement mes idées. Certes, votre drame est parfait ; il ne lui manque rien, il n'a besoin de personne. Mais, à votre place, je sais bien ce que je ferais.

— Expliquez-vous, je vous prie.

— Je mettrais un peu de musique — oh ! pas beaucoup — à l'entrée et à la sortie des personnages, aux situations les plus dramatiques, un accord, un tremolo, comme un frémissement, pour accompagner l'émotion du public.

— Je n'y vois pas d'inconvénient, dit le poète.

— Vrai ? Vous consentez ? Ah ! fit-il en aspirant une énorme prise de tabac, vous ne savez pas le bien que vous me faites. Figurez-vous que Casimir Delavigne n'a pas voulu souffrir un violon dans son *Marino Faliero*. Il m'a dit que cela sentait le mélodrame. Eh ! qu'importe, quand une pièce est un chef-d'œuvre ! C'est comme une jolie femme, tout lui va. Vous verrez l'effet que nous allons obtenir.

— Mais, dit Victor Hugo, j'ai l'habitude de distribuer les places de l'orchestre à des jeunes gens de mes amis.

— Je me charge de les placer ailleurs. Ils seront à merveille. Laissez-moi faire.

— MM. Berlioz et Meyerbeer, dit le poète, m'ont proposé de faire la musique de la chanson du dernier acte ; vous n'aurez qu'à choisir.

— Eux ! fit Harel, ils n'y entendent rien. Ce sont de grands musiciens. Il n'en faut pas. Contentez-vous de Piccini, qui fera des merveilles.

Piccini, en effet, composa une musique intelligente et modeste, faite pour accompagner et soutenir la pièce et qui n'affichait aucune prétention.

Toutefois, il n'arrivait pas à donner à la chanson finale un accent qui lui plût et il fit part à Victor Hugo de son embarras.

— Comment ! dit le poète, rien n'est plus facile. Vous n'avez qu'à suivre les paroles et à les chanter comme vous les sentez.

Et, frappant du poing sur la table de répétition, il chanta lui-même :

> Saint-Pierre, ouvre ta porte
> Au buveur qui t'apporte
> Une voix pleine et forte,
> Pour chanter : Domino !
> Gloria Domino !

Quand je dis « chanter », ajoutait Victor Hugo

en nous contant cette histoire, je me trompe, car je n'ai jamais su ce que c'est qu'une note. Je lui criai l'air comme je l'entendais en moi.

— C'est cela ! c'est cela ! dit Piccini. Je comprends fort bien. Je vous remercie, monsieur Hugo. La chanson est faite !

*
* *

Victor Hugo venait de terminer *Marion de Lorme ;* il en fit une lecture à ses amis. L'assemblée était assez nombreuse ; la lecture obtint un grand succès. Le poète habitait alors la rue Notre-Dame-des-Champs.

Le baron Taylor se présenta chez lui le lendemain matin.

— Je viens, dit-il à l'auteur, chercher votre *Duel sous Richelieu* pour le Théâtre-Français. Il n'y a que Mlle Mars qui puisse jouer Marion de Lorme ; il n'y a que la Comédie qui puisse monter dignement votre pièce. C'est donc une affaire convenue.

— Soit, dit Victor Hugo, vous avez ma parole.

Dans la journée, il reçut la visite de M. de Lassalle, directeur de la Porte-Saint-Martin, qui lui offrit Frédérick Lemaître et Mme Dorval pour remplir les principaux rôles de son drame.

Victor Hugo s'excusa et refusa.

Le soir même, ou le lendemain matin, un monsieur fort bien mis se présenta, décoré, et porteur de favoris qui le faisaient un peu ressembler à un garçon de café. On annonça M. Harel, directeur de l'Odéon.

— Monsieur, dit-il, on ne parle dans Paris que de votre nouveau drame : *Un duel sous Richelieu*. Je viens vous le demander.

— Vous êtes le troisième, dit Victor Hugo ; la pièce est promise ; vous m'excuserez.

M. Harel ne se tint pas pour battu. Il insista, il raisonna. L'Odéon était le théâtre des jeunes gens ; c'était là seulement que les hardiesses et le génie de Victor Hugo auraient leurs coudées franches ; il parla longtemps et offrit Mlle Georges pour le rôle de l'héroïne.

Ce discours demeura sans résultat. Victor Hugo avait promis de lire sa pièce le matin même au comité du Théâtre-Français.

— Moi, dit M. Harel, je n'ai pas besoin de connaître la pièce !

Et comme le manuscrit était sur le bureau du poète, à sa portée, il écrivit dessus :

Reçu au théâtre de l'Odéon le 14 juillet 1829.

— Précisément, fit-il, c'est l'anniversaire de la prise de la Bastille. Je prends la mienne.

Victor Hugo eut toutes les peines du monde à s'opposer à cet enlèvement.

La pièce fut lue à la Comédie française et fort

goûtée. Mais on avait compté sans la censure et les censeurs. L'acte qui met en scène Louis XIII, effraya ces messieurs et parut attentatoire à la majesté royale. On y vit des allusions à Charles X et à l'influence religieuse qui pesait sur son gouvernement. Le rapport fut défavorable.

Victor Hugo se présenta chez M. de Martignac, ministre de l'Intérieur, qui le reçut assez mal, conclut contre la pièce et déclara à l'auteur que *Marion de Lorme* ne serait pas joué.

Le poète monta plus haut et obtint une audience du roi, en ce moment à Saint-Cloud. Mais on ne parle pas aux rois si facilement ; la première condition pour y parvenir, c'est d'avoir un habit à la française. Le poète en manquait absolument ; son frère Abel se mit en route et finit par en trouver un chez un ami complaisant. Rien ne s'opposait désormais à la réception de M. le baron Victor Hugo chez Sa Majesté. Ce titre de baron, d'ailleurs légitime, qui rappelle le baron Marius de Pontmercy des *Misérables,* figurait sur la lettre d'audience que l'auteur reçut du duc d'Aumont.

Le roi accueillit fort bien le poète, et ils eurent ensemble une assez longue conversation. Victor Hugo apportait à Charles X le quatrième acte de son drame, l'acte incriminé ; le roi lui dit obligeamment :

— Il fallait m'apporter toute la pièce.

Comme le poète s'inquiétait de l'hostilité de M. de Martignac, le roi le rassura à cet égard. Le lendemain, en effet, M. de Martignac perdait son portefeuille et était remplacé par M. de La Bourdonnaye.

Ce bouleversement politique n'amena rien de favorable. M. de La Bourdonnaye, quelques jours après, écrivait à Hugo pour lui dire que le roi regrettait de ne pouvoir autoriser la représentation de son drame. Mais, comme dédommagement, le gouvernement lui accordait une pension de quatre mille francs.

Victor Hugo la refusa.

*
* *

Victor Hugo a eu des sévérités. Hier encore, il nous racontait une histoire fort amusante à propos d'une lutte qu'il soutint, jadis, contre un contrôleur du Théâtre-Français.

Ce monsieur voyait Victor Hugo d'un mauvais œil et lui témoignait son inimitié de toutes façons. Classique sans doute, il lui déplaisait de voir la Comédie française révolutionnée par les audaces d'un nouveau venu. Quand il rencontrait le poète déjà célèbre, il oubliait de le saluer, et, au contrôle, il refusait ses billets d'auteur avec impudence.

Victor Hugo, poursuivi par les plaintes des amis qu'il conviait à ses pièces et qu'on laissait à la porte, voulut s'en expliquer avec ce farouche cerbère, qui lui répondit peu poliment.

Poussé à bout, l'auteur d'*Hernani* en référa à l'administrateur de la Comédie française, qui avait une excuse toute prête.

— Vous savez, dit-il, que nous sommes en république; les emplois sont distribués par les sociétaires, et je n'y peux rien. C'est à eux qu'il faut vous adresser.

— Eh bien ! je leur parlerai.

Victor Hugo, en effet, s'adresse à Monrose, qui jouissait d'une grande influence auprès de ses camarades. Monrose, sans savoir de quoi il s'agit, se met à la disposition du poète. Mais, en entendant prononcer le nom de L..., le contrôleur, sa figure change visiblement.

— Comment, vous avez à vous plaindre de L...? Il a osé vous manquer? C'est un drôle, c'est un polisson! je lui parlerai de la bonne manière. Il vous fera des excuses, ou je lui frotterai les oreilles.

— Non, dit Victor Hugo, il ne s'agit pas de le frotter; je vous demande simplement de le renvoyer.

— Le renvoyer du théâtre, de sa place?

— Sans doute.

— Ah! pour cela, je vous demande bien pardon : c'est impossible, ou, du moins, je ne puis pas m'en mêler. Vous me comprendrez, vous m'excuserez...

— Comment?

Monrose, un peu embarrassé, se penche à l'oreille du poète.

— Je suis... son... père!.. vous comprenez?

Victor Hugo comprend en effet qu'il est inutile d'insister. Mais Monrose ne tient pas à lui seul dans ses mains l'autorité de la maison de Molière. Le poète va voir Desmousseaux, qui pèse de son grand âge et de son expérience sur les décisions du comité. Il expose ses griefs au comédien, qui s'indigne et qui parle de donner des coups de canne au contrôleur malveillant.

— Non, dit Hugo, pas de coups de canne; renvoyez le simplement.

— Ah! fait Desmousseaux, vous me mettez dans la plus étrange position. Au moins ne le dites pas à ma femme! Autrefois... on a été jeune... j'ai fait un brin de cour à la petite L..., notre caissière. Et vous savez, tant va la cruche à l'eau... Enfin, c'est sa mère!

— Et puis?

— Je suis son père, naturellement. Vous ne m'en voudrez pas, j'en suis sûr.

Victor Hugo s'éloigne; mais il veut en avoir le

cœur net, et, sans faire une enquête régulière, s'adresse successivement aux sociétaires de la Comédie. Tous abondent dans son sens, tous déclarent que le contrôleur est un être abominable, un drôle, mais quoi ! sa mère était si jolie ! si complaisante ! Et les plus modestes, les plus sceptiques ajoutent doucement :

— Enfin, vous m'excuserez, je ne puis le renvoyer, c'est... mon fils !

Ces aveux successifs inspirèrent à Victor Hugo une telle admiration pour la femme épique qui avait su conduire sa barque entre tant d'écueils, qu'il abandonna la poursuite et attendit que ce contrôleur bizarre allât se faire pendre ailleurs.

Cela ne manqua pas de lui arriver.

Fier de la victoire remportée ou du moins du désistement d'un poète qui tenait tête à Mlle Mars, l'autocratie du contrôleur dépassa toutes les bornes. Il ménagea le jeune auteur, dont il devinait la puissance, mais abusa de plus en plus de l'indulgence des sociétaires et de leurs entrailles paternelles.

Ce contrôleur était père d'une fort belle fille qu'il maria. Ce fut une fête pour *toute* la Comédie française, et le comité, au grand complet, sauf les femmes peut-être, fut invité à la cérémonie et au repas de noces. Personne ne manqua à la solennité.

O surprise ! En arrivant, les comédiens crurent s'être trompés de route et être entrés dans leur magasin d'accessoires. C'étaient les meubles, les tentures, les lampes de la Comédie qui trouvaient un emploi dans la vie privée de leur employé infidèle. On crut même reconnaître les pâtés et les volailles du dîner de noces. Mais non, ils n'étaient pas en carton.

Cette découverte entraîna une explication quelque peu orageuse dans laquelle bien des mystères furent dévoilés. Le lendemain, le contrôleur était invité de la manière la plus vive à donner sa démission.

Et Victor Hugo terminait l'histoire par ce mot :

— Quand on a autant de pères que cela, on les invite l'un après l'autre.

*
* *

Ce soir, Victor Hugo a parlé longuement de *Cromwell* — le plus ancien de ses drames — de *Cromwell* et de Talma.

A la fin de 1827, on s'inquiétait beaucoup de cette œuvre alors nouvelle. Cette émotion avait pénétré jusqu'au foyer de la Comédie française, et Talma se montrait fort désireux d'entendre un acte d'un ouvrage qui soulevait des passions littéraires. Il fut convenu qu'on se réunirait au Rocher de Cancale pour une lecture ; les invités furent exacts, à la seule exception du grand acteur, qui laissa passer l'heure du rendez-vous. Après une attente polie, on se mit à table; on oubliait le retard et le retardataire, quand la porte s'ouvrit brusquement.

Talma entra, effaré, l'œil hagard, les cheveux en désordre. Cet effet dramatique parut d'abord n'être pas à sa place. Comme on interrogeait l'artiste, en lui reprochant son inexactitude, il s'écria :

— Comment voulez-vous que je sois calme ? Comment voulez-vous que j'arrive à l'heure ? A l'instant, devant moi, sur le trottoir, j'ai vu rouler la tête coupée d'un enfant de trois ans !...

On crut d'abord à une lugubre plaisanterie. Talma était de bonne foi ; sa terreur reposait sur une atroce réalité. Le crime insensé de Papavoine, l'assassin de petits enfants, avait eu un retentissement qui avait éveillé dans quelques âmes l'instinct de perversité qui souille la nature humaine. Une malheureuse fille, Henriette Cormier, cuisinière de son état, près de laquelle venait jouer un enfant rose et blond qu'elle aimait beaucoup, avait cédé sans motif à un horrible caprice. Saisissant le pauvre innocent, elle l'avait décapité avec un couteau de cuisine.

Le hasard avait rendu Talma témoin de cet

acte affreux, accompli presque sous ses yeux. Son récit jeta un froid singulier parmi les convives; le dîner manqua absolument d'entrain.

Cependant, au dessert, on essaya de secouer ces images sinistres; on pria Victor Hugo de lire quelques pages de son drame. Le poète s'y refusa d'abord, car l'événement de la soirée n'était pas fait pour disposer les esprits à l'entendre dans de bonnes conditions. Pour comble de disgrâce, le manuscrit ne se trouvait pas. Enfin, pressé, tourmenté par les assistants, Hugo essaya de se rappeler quelques vers de l'ouvrage. Il dit la scène de Cromwell et de Davenant, au troisième acte, celle qui commence par ce vers :

Encore un nouveau piège... — où j'ai failli tomber !

On l'écoutait dans un religieux silence. Talma ne sourcillait pas; les mots les plus hardis ne semblaient pas l'émouvoir. Le poète avait dit pourtant :

Venir, dans Londres même..., escamoter Cromwell !

Ce verbe insolent et vrai insultait aux pudeurs classiques. Plus loin, l'épreuve devint formidable. Hugo continuait :

Mais, dites-moi, qui donc éteignit les chandelles ?...

Racine, qui du haut de l'Olympe assistait à la

défection du grand artiste, en tomba à la renverse, les deux hémistiches en l'air. Ce n'était pas fini ; Cromwell poursuivait :

> Vous avez un chapeau de forme singulière.
> Excusez ma façon peut-être familière,
> Vous plairait-il, monsieur, le changer pour le mien ?

— Ah ! s'écria Talma en bondissant, voilà le drame, la nature, la vérité !... Voilà la pièce que j'attends depuis si longtemps ! Monsieur Victor Hugo, je suis votre homme, votre comédien !... dites-nous la suite !

Talma mourut au mois de novembre de la même année.

* * *

Victor Hugo parle toujours avec admiration de Frédérick Lemaître, qu'il regarde comme le plus grand acteur des temps modernes. L'artiste lui témoignait beaucoup de respect et de soumission. Mais il avait quelquefois des lubies.

Ainsi, il prenait un plaisir singulier, au dernier acte de *Lucrèce Borgia*, au souper funèbre du dénouement, à émietter du pain sur les épaules d'une des dames admises à la table de la princesse Négrani.

Cela agaçait l'actrice, qui l'avait plusieurs fois

prié de la laisser tranquille. Par un caprice au moins bizarre, Frédérick persistait dans cet amusement. Cela se prolongea si bien que la pauvre fille, nerveuse et larmoyante, alla se plaindre à Victor Hugo des façons de Gennaro. Elle lui fit partager son mécontentement.

— Monsieur Frédérick, dit le poète à son comédien, croyez-vous qu'en jouant *Hamlet* Shakespeare tourmentât ses acteurs et s'occupât d'autre chose que de son rôle?

— Vous avez raison, dit Frédérick, et je vous réponds que la chose ne m'arrivera plus.

Cette indulgente réprimande, faite d'une voix grave, avait fait monter les larmes aux yeux du grand artiste.

*
* *

Victor Hugo fut moins heureux dans ces derniers temps, à propos d'une reprise de *Ruy Blas*. Ne nommons personne, ou presque personne.

Au troisième acte, quand la reine avoue au laquais-ministre qu'elle l'aime, l'acteur chargé du rôle de Ruy Blas faisait une fausse sortie et allait se promener au fond de la scène, laissant Mme Sarah Bernhardt exprimer sa passion au souffleur. La belle comédienne s'en plaignit à l'auteur, qui prit en main sa cause :

— Comment, monsieur! dit-il au promeneur forcené, vous n'êtes qu'un domestique; vous avez affaire à la reine d'Espagne ; vous arrivez, par une suite de miracles, à vous en faire aimer, et au moment où elle vous le dit, où sa passion déborde, vous allez considérer la toile de fond!

— Vous avez raison, dit l'acteur, comme Frédérick.

Et pendant les trois représentations suivantes il suivit les conseils du poète.

Mais à la quatrième il les oublia.

L'ARTISTE

Victor Hugo, à propos d'Eugène Delacroix, répétait un mot qu'il avait dit autrefois à M^mo Dorval, qui lui demandait si elle était jolie :

— Vous n'êtes pas jolie, vous êtes pire.

Ce mot, ajoutait-il, peut s'appliquer aux femmes de Delacroix. On peut leur dire, à toutes : « Vous n'êtes pas belles, vous êtes pires. La ligne divine de la beauté apparaît lumineuse, mais brisée, sur vos visages ; vous êtes l'éclair, c'est-à-dire l'éblouissante grimace du rayon. Ceux qui vous aiment ainsi, vous aiment malgré vous et malgré eux, et vous aiment éperdument, parce que le secret de votre charme est précisément ce qui pourrait les détacher de vous. Soyez fières, vous êtes irrésistiblement laides. »

***

Aucune aristocratie ne saurait prévaloir sur celle du talent et de la beauté. Victor Hugo citait cette parole de Théophile Gautier : « Aie du génie et une belle femme, et je t'appellerai Monsieur le comte, et ta femme Madame la comtesse »

***

Victor Hugo, dessinateur, a des ressources de coloriste effréné. Il opère ordinairement entre le noir et le blanc, deux points extrêmes qui ne sont pas des couleurs, mais des limites. Entre elles se déroule une gamme intermédiaire d'une prodigieuse richesse, mais dont il n'est pas facile de distinguer tous les tons. Hugo emploie indifféremment le fusain, le graphite, la mine de plomb, l'encre de Chine, l'encre ordinaire, le jus de mûres et généralement tout ce qui se trouve sous la main; la sépia, l'oignon brûlé, la cendre de cigare, celle du foyer, le charbon, la fumée de la lampe, le papier brûlé, les dentifrices lui fournissent au besoin des nuances précieuses. Et ces éléments disparates, loin de hurler de se voir accouplés, se fondent au contraire dans des teintes d'un effet intense et étrange.

Il est certain que quand un poète s'approche de sa table de travail, il a l'intention d'écrire des chefs-d'œuvre. S'il y réussit, tant mieux, et Victor Hugo n'y a pas manqué. Mais quoi ! des choses semblables se voient tous les jours : un cordonnier s'assied devant son établi pour faire une paire de bottes, et il fait une paire de bottes ; un général assemble ses troupes pour remporter la victoire, et il remporte la victoire, à moins qu'il n'ait des ponts trop courts pour traverser les rivières ; enfin on a vu des gens ayant l'intention de faire quelque chose et y réussissant bien ou mal. Mais je n'ai jamais entendu parler d'un écrivain, possédé de l'idée d'écrire un drame ou un roman, et produisant, sans y songer, des eaux-fortes involontaires, non seulement dans sa prose et dans ses vers, mais en marge de ses manuscrits, sur le bois de son bureau, sur les couvertures de ses boites, et sur les bouts de papier quelconques qui lui tombent sous la main.

L'eau-forte ne suffit même pas à l'emportement de ce génie qui transfigure tout ce qu'il touche. La morsure de l'acide nitrique lui paraît trop douce ; il faut, pour comprendre jusqu'où va la violence de son tempérament, voir les sculptures en creux dont il a illustré les panneaux d'Hauteville-House et d'Hauteville-Féerie. Figurez-vous un artiste prenant pour burin cette longue tige de fer à remuer les feux de coke que les Anglais appellent poker ; c'est avec cette barre rougie au feu que Victor Hugo creuse le sapin ou le chêne de lignes flamboyantes, carbonisées. Il arrive ainsi à des effets prodigieux. Cette gravure incendiaire se colore de teintes polychromes, et des fleurs merveilleuses s'épanouissent, sorties vivantes de l'imagination du poète.

Quelques cadres, décorés de cette façon, existent à Paris et témoignent des ressources de cet étrange travail ; mais les plus beaux monstres, les plus belles chimères qui en sont nées sont restées là-bas dans l'île.

**

Paul de Saint-Victor, comme on le sait, était un admirable bibliophile. Il n'épargnait aucune recherche pour avoir les plus belles éditions des livres qu'il aimait. A l'époque de la publication de la seconde partie de *la Légende des Siècles*, en 1877, l'éminent critique fit tirer pour sa bibliothèque un exemplaire de l'ouvrage sur veau véritable ; et c'est lui qui nous apprit — un soir, en dînant — que ce veau véritable coûtait 8 francs la feuille, tandis que le veau en mouton (il est impossible de s'expliquer autrement) ne coûtait que le quart de ce prix. L'exemplaire était magnifique — et unique. Pour lui donner plus de valeur encore, Paul de Saint-Victor demanda à Victor Hugo un dessin à placer en tête de l'ouvrage ; le poète le lui promit.

Il mit du temps à tenir sa promesse. Paul de Saint-Victor le relança jusqu'à Hauteville-House et lui apporta lui-même quelques feuilles de cet admirable veau, pour ne pas dépareiller le volume.

On connaît ou l'on ne connaît pas les procédés de dessin de Victor Hugo, qui, par des méthodes qui me paraissent de son invention, produit des effets de couleur qui rappellent l'eau-forte.

Il verse volontiers de l'encre, non pas avec la plume, mais avec l'encrier, sur la page qui doit recevoir son dessin ; il y ajoute mille ingrédients quelconques se trouvant sous sa main, de la mine de plomb ou des cendres de cigare. Cela réussit sur le papier, et ses œuvres illustrées nous en ont donné la preuve. Mais sur le vrai veau, cela est bien autre-chose. L'encre ne s'y fixe pas. Victor Hugo circonscrivit la feuille par de petites règles de bois et jeta l'encre à flots sur les parties qu'il voulait obscurcir. Puis il attendit vingt-quatre heures.

J'assistais, mélancolique, à cette cuisine, car j'aurais bien préféré que Victor Hugo écrivit une troisième partie de *la Légende*. Mais le Maître aime ces travaux qui le délassent et qui ont pour lui une attraction singulière.

Le lendemain, le veau submergé s'était distendu et formait des creux aux endroits imbibés d'encre. Saint-Victor, désolé, offrit de nouvelles feuilles à l'artiste, mais cet insuccès passager avait dégoûté le Maître du dessin, pour le moment du moins ; et les feuilles gâtées furent remises telles quelles à un habile relieur. Put-il en tirer parti? J'aime à le croire. Ce qui est certain, c'est que le Maître n'a jamais recommencé le travail qui avait si mal réussi.

*
* *

Nous demandions un jour au Maître de s'expliquer sur le mot *duel*, qu'il a fait tantôt d'une syllabe, tantôt de deux syllabes. Faut-il donc l'accepter comme le mot *hier*, dans les deux mesures?

— J'en serais d'accord, nous dit-il, et serais porté à lui donner deux syllabes dans l'épopée et une seule au théâtre.

*
* *

Victor Hugo était peu partisan des hardiesses et des innovations qui se sont introduites en ces derniers temps dans la prosodie. Il ne voyait pas où ces libertés pourraient s'arrêter, et maintenait, quant à lui, la sévérité de l'école. Peut-être est-il utile qu'il ait établi cette syntaxe dont son œuvre ne s'est point départie. J'ai souvenir d'une sorte d'épouvante qui s'empara de lui, quand je lui montrai, dans un de ses poèmes, un vers ternaire qui n'avait cependant rien d'effrayant. Il était à peu près construit ainsi :

Dans les palais, dans les châteaux, dans les chaumières...

Non seulement il changea le vers, mais il me fit des remerciements très vifs de lui avoir signalé cette négligence.

*
* *

Je ne connaissais pas assez Victor Hugo comme dessinateur. Mme Drouet s'est fait notre complice : nous l'avons prié, nous l'avons tourmenté, et il a consenti à nous montrer *la Sorcière*, trente à quarante dessins environ, tout un drame en images de sa façon. Pas d'ombres; les physionomies sont indiquées par un simple trait qui leur donne une expression précise. Cet album singulier est absolument émouvant. Nous avons demandé au Maître s'il n'écrirait jamais rien sous ces figures : il a répondu qu'il le ferait peut-être. Quelques détails de ces rêveries au trait m'ont rappelé *le Succube* des *Contes drolatiques* de Balzac.

La Sorcière est une douce figure qui présente des caractères d'illumination ou d'hystérie. Puis défilent les figures des juges ecclésiastiques, des témoins, des tourmenteurs, des bourreaux, des prêtres chargés d'étudier l'affaire, des greffiers et du public. Ce ne sont que des têtes et quelquefois des profils, mais d'une vérité ou d'une imagination saisissante. On sent la pauvre fille perdue, rien qu'à regarder les personnages qui la tiennent dans leurs mains.

*
* *

Cette facilité de crayon a permis au Maître de créer un genre de récompenses et de punitions peu usitées dans les couvents et dans les lycées. Il s'agit d'une série de bons ou de mauvais « points » destinés à réjouir ou à assombrir les enfants, selon les mérites de ceux-ci.

Ces dessins forment une espèce d'album de leur conduite. Les bons points sont empruntés aux sujets gracieux. Ce sont des roses, des étoiles, des oiseaux, des chats à face pateline ; il n'est pas défendu d'embrasser ses bons points. Les mauvais points sont des choses horribles : des ustensiles de cuisine, des martinets, des vases dont on ne dit pas le nom, ou l'angora de tout à l'heure, mais furieux et prêt à griffer.

J'ai recueilli quelques-uns de ces bons points avec l'autorisation des jeunes élèves; on y remarque Georges qui pleure à côté de Georges qui rit; et Mlle Jeanne a été si sage qu'il lui en est poussé des ailes.

LA MUSIQUE

Si Victor Hugo est rebelle à la musique, il l'est encore plus aux musiciens, qui ne s'introduisent qu'à force de diplomatie dans le salon rouge de la rue de Clichy, avant tout littéraire et politique.

Pourtant on en a vu forcer la consigne, entre autres cette belle Georgina Weldon, qui chanta un soir au piano de Mme Lockroy — car chez Victor Hugo il n'y a jamais eu de piano! — le troisième acte du *Polyeucte* de Gounod. Le costume sévère de l'artiste, constellé d'étoiles et de plaques de ferblanterie reliées par des chaînes d'acier, frappa le poète. Elle lui avait écrit, dès l'an passé, des lettres filiales, glissées dans de fines enveloppes qui portaient, à l'opposite du timbre-poste, le portrait de la dame.

Elle revint quelques jours après, avec un troupeau gazouillant de petites filles de trois, quatre, cinq et six ans, dont elle se disait la grand-mère — au moral. Il y en avait de gentilles. M#^{me}$ Weldon leur apprenait la musique par une singulière méthode, qui consistait à serrer le bout de leurs doigts, jusqu'à ce qu'elles donnassent la note juste. Les cantatrices intéressèrent fort l'auditoire; on les bourra de bonbons. Mais cette façon d'apprendre le solfège aux enfants déplut fort à Victor Hugo.

*
* *

C'est par centaines que Victor Hugo reçoit des demandes de musiciens français ou étrangers, désireux de mettre en musique les poésies du Maître.

Il ne refuse jamais cette autorisation, mais la borne à trois pièces de vers au maximum. Et j'ajoute toujours ces mots aux réponses :

« Le consentement de M. Victor Hugo vous est acquis à l'expresse condition que les droits d'auteur que vous voudrez lui reconnaître, ou ceux que lui rapporterait votre publication, seront acquis aux pauvres de votre ville. »

Je ne pense pas qu'aucun des solliciteurs se soit soustrait à l'obligation imposée.

* * *

Pour l'avoir autorisée à accompagner *Lucrèce Borgia*, Victor Hugo ne fit pas meilleur ménage avec la musique.

Je ne l'ai jamais entendu parler, autrement que d'une façon incidente, de la représentation de *la Esmeralda*. Victor Hugo avait été prié d'extraire de sa *Notre-Dame de Paris* un livret d'opéra qui fut confié à Mlle Bertin, la fille du directeur du *Journal des Débats*.

L'ouvrage, joué à l'Académie royale de musique, eut un de ces succès d'estime dont on ne se relève pas. On assure cependant qu'il renfermait de fort belles choses, entre autres l'air des cloches de Quasimodo.

* * *

Un piège musical plus sérieux fut tendu au poète. Deux dames espagnoles, fort élégantes, décorées de plusieurs ordres, la mère et la fille, lui demandèrent d'entendre quelques airs de harpe que la jeune fille exécutait à ravir.

Son prénom de Esméralda, son jeune âge, sa grâce enfantine séduisirent le Maître qui ne sait guère refuser aux femmes. Il accepta, vaguement.

Le soir venu, on voit arriver avec épouvante, dans la rue de Clichy, une estrade qu'on hisse au second étage et qui provoque une sorte de déménagement.

Sur ce tremplin, destiné à développer les vibrations de la harpe, l'instrument est exposé, au grand étonnement des visiteurs, qui ne s'attendaient point à un concert.

La fillette arrive et déploie toutes les ressources de son talent. Comme elle n'a que douze ans, on ne se gêne pas pour dire qu'elle a une jolie jambe. Cela retient dans le salon quelques poètes rêveurs. Mais à un nocturne succède une mélodie, puis un scherzo, puis un « Hommage au poète », composé tout exprès pour la circonstance, si bien que les invités s'éloignent lentement, un peu fatigués de cette musique charmante, qui force le Maître à garder le silence. Victor Hugo ne se départ pas de sa bienveillance accoutumée; il écoute la fillette jusqu'à la dernière note, et la complimente de la façon la plus aimable.

En réalité, il s'était isolé du milieu dans lequel nous prenions notre mal en patience, rêvait à la lune ou composait des vers. Le lendemain, il arrive dans le salon au moment où l'on enlevait l'estrade résonnante, et il dit avec douceur :

— C'était charmant, mais il ne faudrait pas recommencer.

L'ACADÉMIE

Victor Hugo n'est pas toujours aimable pour l'Académie française, mais il l'admet en principe, surtout comme fille aînée de l'Institut. La création des cinq classes de l'Institut lui paraît une des plus grandes pensées de la Convention.

Comme détail, comme organisation, il abandonne volontiers ce corps respectable aux railleries des poètes qui n'en sont pas. L'autre soir, on a mis dix hommes de lettres, réunis au salon, au défi de se rappeler les noms des membres actuels de l'Académie; on est arrivé difficilement à vingt noms. C'est déplorable.

On a expliqué comme quoi l'Académie, à l'instar des corps politiques, se divisait en trois ou quatre groupes, ayant leurs chefs de file et se passant réciproquement la casse et le séné pour arriver à faire nommer des candidats extraordinaires.

Victor Hugo raconte volontiers les difficultés et les obstacles que sa nomination rencontra. Ce qu'on ne sait pas assez, c'est qu'il ne se fit candidat à l'Académie que pour arriver à la Cour des pairs, dont les portes ne pouvaient lui être ouvertes sans qu'il fît partie d'un corps spécial, rachetant son manque de fortune. Cela a l'air embrouillé et ridicule, mais c'est comme cela.

Du reste, le poëte échoua contre Dupaty, en 1836, et s'en consola en disant :

« Je croyais qu'on allait à l'Académie par le pont des Arts; il paraît que c'est par le Pont-Neuf. »

Victor Hugo a conservé un souvenir grotesque des visites qu'il faisait à ces *bustes* qui le recevaient en robe de chambre et le regardaient comme un pestiféré. Quelques-uns ne craignaient pas de montrer ouvertement leur « répugnance »; entre autres Baour-Lormian, à qui Théophile Gautier ne le pardonna pas.

En 1839, Victor Hugo fut battu par M. Molé; en 1840, par M. Flourens; en 1841, il passa tout juste, et le soir de son élection, la poste lui apporta ce quatrain, non affranchi, qui rappelait le retour des cendres de Napoléon :

L'EMPEREUR ET LE POÈTE

Pleins de gloire, en dépit de cent rivaux perfides,
Tous deux en même temps ils ont atteint le but ;
Lorsque Napoléon prend place aux Invalides,
Victor Hugo peut bien entrer à l'Institut.

Est-ce à cause des obstacles qu'il avait rencontrés que le poète s'attacha au corps littéraire qui lui avait ouvert ses rangs ? Ce qu'il y a de certain, c'est qu'il fut un académicien modèle. Il travailla au *Dictionnaire* avec succès. Il se plaisait à ces disputes de mots où il l'emportait presque toujours, et n'était pas fâché de faire « quinauds » ses confrères.

Cependant il se découragea un peu en voyant la sage lenteur avec laquelle les travaux du *Dictionnaire* s'accomplissaient. Il calcula qu'il ne faudrait pas moins de vingt à trente siècles pour qu'ils fussent conduits à bonne fin, et qu'à la rigueur la langue française pourrait avoir disparu à cette époque.

Son œuvre nous préservera de ce danger ; nous croyons que la langue de Victor Hugo suffira aux générations prochaines et leur permettra de se passer d'un dictionnaire officiel.

*
* *

Au retour de l'exil, le poète rentra à l'Académie avec une autorité légitime qui ne prévalut pas contre les petites coalitions d'école. Il chercha vainement à pousser ses collègues dans une voie de progrès ; une incomparable force d'inertie fit avorter ses tentatives. Il fut rarement avec les triomphateurs. Leconte de Lisle, Théodore de Banville durent se contenter de sa voix.

Il n'est pas sûr que si Victor Hugo n'avait pas été de l'Académie dans ces derniers temps, il l'eût emporté sur Messieurs..... Ne nommons personne. « Si c'était à refaire, il faudrait voir, » disait un journal, qui racontait son élection d'autrefois. Victor Hugo a beaucoup ri de ce mot, qui vient du reste d'un de ses amis. C'est pourquoi, sans la moindre amertume, il nous disait que la rénovation de l'Académie ne pourrait être obtenue que par le suffrage universel.

Pourquoi pas? Le poète entrait dans les détails du mouvement populaire qui se produirait à ce sujet et dont le premier résultat serait d'élever l'intelligence française et les idées populaires. Comment un peuple, qu'on croit apte à juger la valeur politique des hommes, n'arriverait-il pas à deviner, à constater leur valeur artistique? Les paysans n'ont-ils pas des livres que lisent leurs fils, de petits journaux que lisent leurs femmes; n'auraient-ils pas pour conseil les maîtres d'école, leurs bourgeois, leurs amis plus lettrés? Croit-on qu'avec le suffrage universel, les supériorités comme Hugo, Lamartine, Gautier, Balzac, feraient longtemps antichambre à la porte des immortels? Les grands esprits, les esprits généreux ne feraient-ils pas à cet égard une propagande utile et passionnée? Les paroles de Hugo ne me reviennent pas d'une façon exacte, mais nous étions sous le charme, et ce suffrage universel, dont il nous disait les miracles — et qu'il voulait même appliquer aux nominations dans l'ordre de la Légion d'honneur — nous paraissait devoir gouverner le monde.

*
* *

Voici ce que Victor Hugo nous a raconté hier, 2 mars 1877, en souvenir d'un grand écrivain :

« Je passais en voiture dans la rue du Faubourg-Saint-Honoré, quand, devant l'église, j'aperçus M. de Balzac qui me faisait signe d'arrêter. Je voulus descendre; il m'en empêcha et me dit, en me prenant les mains :

— Je voulais aller vous voir. Vous savez que je me porte à l'Académie?

— Non.

— Eh bien, je vous le dis. Qu'en pensez-vous ?

— Je pense que vous arriverez trop tard. Vous n'aurez que ma voix.

— C'est surtout votre voix que je veux.

— Êtes-vous tout à fait décidé ?

— Tout à fait.

Balzac me quitta. L'élection était déjà à peu près convenue ; des noms très littéraires s'étaient ralliés, pour des motifs politiques, à la candidature de M. Vatout. J'essayai de faire de la propagande pour Balzac ; je me heurtai à des idées arrêtées et n'obtins aucun succès. J'étais contrarié de voir un homme comme Balzac réduit à une seule voix, et songeais que si j'en obtenais une seconde, je créerais dans son esprit un doute favorable pour chacun de mes collègues. Comment conquérir cette voix ?

Le jour de l'élection, j'étais assis auprès de l'excellent Pongerville, le meilleur des hommes ; je lui demandai à brûle-pourpoint :

— Pour qui votez-vous ?

— Pour Vatout, comme vous savez.

— Je le sais si peu que je viens vous demander de voter pour Balzac.

— Impossible.

— Pourquoi cela ?

— Parce que voilà mon bulletin tout préparé. Voyez : VATOUT.

— Oh ! cela ne fait rien.

Et sur deux carrés de papier, de ma plus belle écriture, j'écrivis : BALZAC.

— Eh bien ? me dit Pongerville.

— Eh bien, vous allez voir.

L'huissier qui recueillait les votes s'approcha de nous, je lui remis un des bulletins que j'avais préparés. Pongerville tendit à son tour la main pour jeter le nom de Vatout dans l'urne; mais une tape amicale que je lui donnai sur les doigts fit tomber son papier à terre. Il le regarda, parut indécis, et comme je lui offrais le second bulletin sur lequel était écrit le nom de Balzac, il sourit, le prit et le donna de bonne grâce. »

Et voilà comment Honoré de Balzac eut deux voix au dépouillement du scrutin de l'Académie.

* * *

Un jour, Victor Hugo passait, au beau temps de l'Académie — je veux dire au temps où il y allait — sur ce pont des Arts légendaire, que des réparations incessantes ont enlevé à la circulation depuis une trentaine d'années. On y tolérait, à cette époque, des passants et des aveugles. Un de ces derniers, vieux soldat, guidé par une petite fille, saisit Victor Hugo par le pan de sa redingote et l'arrêta au passage.

— Que voulez-vous, mon brave homme? lui dit le poète; je vous ai donné deux sous.

— Oui, monsieur, et je vous ai remercié; c'est que je voudrais autre chose.

— Quoi donc?

— Des vers.

— Vous les aurez, fit Hugo en rejoignant les amis qui l'avaient trahi.

Le lendemain, l'aveugle tenait une pancarte sur laquelle on lisait ce quatrain :

> Aveugle comme Homère et comme Bélisaire,
> N'ayant rien qu'un enfant pour guide et pour appui,
> La main qui donnera du pain à sa misère,
> Il ne la verra pas, mais Dieu la voit pour lui.

Les recettes du pauvre augmentèrent.

***

Les fils de Louis-Philippe ont toujours eu pour Victor Hugo beaucoup d'admiration et de déférence; l'amitié de leur père pour le poète y est pour quelque chose sans doute, mais ils en ont franchement hérité.

Dans une traversée de la Manche, le poète fut

abordé par un voyageur qui lui présenta sa jeune femme et ne le quitta pas de toute la traversée. C'était le prince de Joinville ; il parlait de sa famille qu'il allait rejoindre :

— Vont-ils être contents, dit-il, quand je leur raconterai que j'ai passé la journée avec Victor Hugo !

Le duc d'Aumale envoie régulièrement au Maître les ouvrages qu'il publie avec un luxe typographique excessif.

Le duc, qui se présentait à l'Académie, est venu faire au poète la visite traditionnelle ; il a été reçu avec la plus exquise courtoisie. Sa visite a duré deux heures.

Mme Drouet, qui est un brin curieuse, a demandé ce soir au Maître :

— Qu'avez-vous pu vous dire tous deux pendant tout ce temps ?

— Hé ! madame, a répondu Hugo, les plus aimables choses du monde. Nous nous sommes contentés des roses sans aller au fond du pot. La question de l'Académie était délicate ; nous ne l'avons abordée ni l'un ni l'autre. A travers ce qu'il disait, j'entendais : « Vous savez que je viens vous demander votre voix pour l'Académie. » Et je répondais, sans parler plus que lui : « Vous savez, mon prince, vous ne l'aurez pas. »

EN EXIL

Mᵐᵉ Drouet nous a raconté, avec quelques cor-
rections du Maître, une très jolie histoire.

Il venait d'échapper aux griffes du coup d'État,
et respirait enfin à Bruxelles, mais avec la colère
légitime que les événements de décembre avaient
mise en lui. Dans le feu de l'indignation, il écrivit
dans l'espace de quelques mois plusieurs des
plus vigoureuses pièces des *Châtiments* et toute
l'*Histoire d'un crime*. Mais ce dernier ouvrage lui
parut appartenir au domaine de l'histoire ; il en
remit la publication à d'autres temps. Il reprit la
plume pour écrire *Napoléon le Petit* qu'il termina
le 14 juillet, anniversaire de la prise de la Bastille. Il s'aperçut qu'il avait épuisé la bouteille

d'encre qu'il avait employée à ce travail, et il écrivit sur l'étiquette de la fiole :

> La bouteille d'où sortit
> Napoléon le Petit.

Mme Drouet, présente, s'écria :

— Ah! par exemple, voilà un cadeau que vous devriez me faire.

— Prenez, répondit le poëte ; c'est le moins que je puisse payer la copie que vous avez faite de l'ouvrage.

La bouteille obtint naturellement une place d'honneur sur l'étagère de la dame, où beaucoup d'amis l'admirèrent, et résistèrent à la tentation de l'emporter.

Le docteur Yvan fut du nombre. Il donnait ses soins à Mme Drouet. Quoique fils d'un médecin de Napoléon Ier, il avait été compromis dans les événements de décembre, et son titre de proscrit l'avait rapproché du poëte.

Un jour que sa belle malade lui exprimait sa reconnaissance, il lui dit en hésitant :

— Puisque vous parlez de mon dévouement, Madame, il vous serait bien facile de le payer.

— Comment ? demanda-t-elle.

— En me donnant — ou en me laissant prendre — la petite bouteille que je vois là.

— Impossible, dit-elle, c'est un cadeau qu'on m'a fait; la délicatesse ne me permet pas d'en disposer. Demandez-moi autre chose.

— Je ne veux que cela.

— Eh bien! vous ne l'aurez pas.

Le docteur partit, un peu boudeur. Le soir même, Mme Drouet raconta cette conversation à Victor Hugo.

— Bon! dit le poète, à votre place, je lui aurais donné la bouteille. Vous n'êtes pas à court de mes autographes.

— Alors vous ne serez pas fâché?

— Non, assurément.

Le lendemain, Mme Drouet offrit la bouteille au docteur, qui l'emporta comme une conquête.

Des années passèrent là-dessus. Le docteur Yvan fut compris dans une amnistie, grâce à la protection du prince Napoléon, qui le connaissait depuis longtemps et lui offrit une place dans sa maison. L'exilé rentra en France et devint médecin du prince, qui l'admit dans son intimité.

Un jour qu'on dînait chez le docteur Yvan, et qu'on s'entretenait de curiosités :

— Il faut que je vous montre une rareté, dit-il au prince.

Et ouvrant une armoire, il lui montre la bouteille autographe sur laquelle on lisait :

> La bouteille d'où sortit
> Napoléon le Petit.

— Ah! par exemple, dit le prince, vous allez me la donner.

— Prince, c'est impossible! Tout ce que vous voudrez, excepté cela.

— C'est cela que je veux, pourtant. Vous savez que je suis un admirateur de Victor Hugo. Il ne fallait pas me la montrer.

Et il la mit dans sa poche.

Elle doit y être encore.

La vérité nous oblige à dire, d'ailleurs, que Victor Hugo — politique à part — parlait du prince Jérôme Napoléon comme d'un homme d'esprit, fort littéraire et fort bien élevé ; je ne lui ai entendu tenir sur son compte que des propos bienveillants.

*
* *

Un jour, à Guernesey, le poète, en rentrant chez lui, raconta qu'il avait été abordé par un âne qui avait brait doucement, avec un air de demander quelque chose ; et, cette idée s'enchaînant à d'autres idées :

— Pourvu, dit Victor Hugo, qu'il ne soit rien arrivé là-bas, à l'Académie.

— Pourquoi donc cela ?

— Mais, répondit-il, cet âne avait l'air de solliciter ma voix.

On rit de cette plaisanterie. Le lendemain, le courrier de Paris arrivait à Hauteville-House, annonçant la mort de M. de Barante...

*
* *

Tout le monde littéraire a connu l'excellent Adolphe Pelleport, qui joignait aux qualités les plus précieuses du cœur un talent de poète. Son adoration pour Victor Hugo était absolue ; il lui en donnait des preuves naïves et touchantes.

Pendant quinze jours qu'il passa à Guernesey, en 1878, il composait tous les jours des vers en l'honneur du Maître ou de son amie Mme Drouet ; il les récitait avec des gestes désordonnés et des éclats de voix qui faisaient trembler les vitres du salon d'été.

Mais cela n'était rien auprès de la façon dont il était arrivé dans l'île quelques années auparavant. Il avait manqué la correspondance de Jersey à Guernesey, et, pour gagner quelques heures sur le prochain départ, avait frété un bateau pêcheur dont il était le seul passager.

Victor Hugo, prévenu par un télégramme, l'attendait sur la jetée. Le bateau était à quelques mètres du rivage, et Pelleport, debout sur l'avant, tendait les bras au poète, quand celui-ci lui crie en manière de plaisanterie :

— Arrivez donc ! allons ! venez ! sautez !

Pelleport sauta ! et disparut dans le bassin dont la profondeur, du reste, n'était pas considérable. L'étourdi ne savait pas nager. On ne le retira pas sans peine ; il arriva ruisselant auprès de Victor Hugo très ému, qui le gronda tendrement.

*
* *

Victor Hugo est d'une bienveillance extrême pour les esprits naïfs et ne permet pas qu'on les raille devant lui.

Il accueillait, pendant ses années d'exil, tous les Français qui demandaient à lui serrer la main et les admettait volontiers à sa table. Il arrivait à se faire adorer de la plupart de ses visiteurs ; quelques-uns devenaient quelquefois importuns ; il les recevait avec une bonne grâce toujours égale, et faisait ajouter un couvert pour eux, quand ils frappaient à sa porte.

Le bonhomme Durand — je ne l'ai jamais entendu nommer autrement — était un de ces commensaux assidus. Persécuté après le coup d'État pour ses opinions avancées, il avait rejoint à Jersey les hommes de l'exil. Il y avait repris son métier d'agriculteur, mais avec l'air de Mignon regrettant sa patrie. Ce vigneron de la Bourgogne ne pouvait s'accoutumer à voir des ceps de vigne sous cloche, et ils ne vivent à Jersey qu'à cette condition. Pour se consoler, il composait des chansons patriotiques qu'il chantait hardiment à la table de Hugo. L'auteur des *Châtiments* écoutait avec bienveillance.

— J'ai fait une nouvelle composition, dit un jour le père Durand au dessert.

— Vous allez nous la dire.

— Je vous préviens d'abord que c'est une chanson guerrière.

— Allez toujours.

— Une chanson faite pour mettre le feu au ventre des soldats, une vraie chanson de bataille et de victoire.

— Bien, nous vous écoutons.

Alors, le bonhomme Durand se lève, se mouche, et entonne d'une voix de stentor :

Sauvons-nous ! Sauvons-nous !...

La suite de la chanson eût peut-être expliqué ce cri d'épouvante au début d'une chanson belliqueuse, mais des éclats de rire universels coupèrent la parole au bonhomme Durand.

***

C'est au bonhomme Durand qu'est dû ce mot d'une profondeur singulière :

— Madame, je viens pour voir Victor Hugo, si digne de ce nom !

***

Il faut tout dire. Le bonhomme Durand regrettait la Bourgogne et périssait d'ennui sous les orages de l'archipel. Il pensait à sa maisonnette, entourée de grands arbres, à ses vignobles où l'on récoltait un vin généreux.

Quand l'Empire décréta une amnistie sans condition, le brave paysan fut atteint au cœur.

Comme les autres, il avait juré de ne jamais pactiser avec la tyrannie ; mais l'idée qu'il pouvait rentrer librement en France, revoir ses proches et son clocher, le jetait dans une noire mélancolie.

Enfin, un jour, il se décide et vient, penaud et roulant son bonnet dans ses mains, soumettre à Victor Hugo ses regrets et ses désirs.

— Allez, père Durand, lui dit le poète proscrit,

rentrez dans votre village, sans remords; vous êtes un brave homme qui emportez notre estime et notre amitié.

Victor Hugo, si rigide pour lui-même, comprend et pardonne les faiblesses d'autrui.

PENDANT LE SIÈGE

Victor Hugo, même pendant les derniers jours du siège de Paris, tenait table ouverte. Ce n'étaient point de très magnifiques festins; ils ne ressemblaient guère, malgré les artifices de la cuisinière, aux longs et plantureux dîners de la rue de Clichy et de l'avenue d'Eylau. Les poulets n'étaient que d'assez maigres coqs, et si le filet de bœuf était du filet, à coup sûr il n'était pas du bœuf. Enfin, vaille que vaille, on mangeait ! Victor Hugo, en s'asseyant auprès d'une belle jeune femme — Mme Judith Gautier — qui, le dimanche précédent, n'avait pu accepter l'invitation du Maître, improvisa ces vers :

> Si vous étiez venue, ô belle que j'admire !
> Je vous aurais offert un repas sans rival ;
> J'aurais tué Pégase, et je l'aurais fait cuire
> Afin de vous servir une aile de cheval !

***

On a apporté à Victor Hugo, pendant le siège de Paris, un cadeau rare, un pâté ! Le contenu n'en parut pas absolument orthodoxe. Œuvre d'un charcutier dont la boutique s'ouvrait dans une maison voisine assez délabrée et suspecte de galanterie, on s'accorda à craindre qu'il n'eût été confectionné avec des rats et des souris.

Néanmoins, l'envoi fut accepté de bon cœur et glorifié par un quatrain du Maître :

> O mesdames les hétaïres,
> A vos dépens je me nourris ;
> Moi qui mourrais de vos sourires,
> Je vais vivre de vos souris.

***

Malgré les efforts et les dépenses, il y avait en ce temps-là, chez Victor Hugo, des jours où le bifteck était singulièrement coriace. On se regardait alors en silence, arrachant des lambeaux de cuir à la viande sur laquelle la cuisinière avait épuisé ses plus savantes combinaisons. Quelquefois le poète se sentait bourrelé d'émotions internes... Un jour, un jour fatal, un malaise singulier s'empara de toutes les personnes présentes, et, ma foi, la grande voix de Victor Hugo se fit alors entendre, exprimant les préoccupations des convives :

> Mon dîner me tracasse, et même me harcèle ;
> J'ai mangé du cheval — et je songe à la selle !

Honni soit qui mal y pense ! Il est certain qu'un franc rire nous guérit, ce jour-là, de toutes les indigestions.

* * *

A cette époque, l'avocat Gagne, le célèbre manifestant de l'obélisque, s'offrit en holocauste à l'appétit de ses concitoyens. Il ne demandait, en échange de ce sacrifice, que la gloire d'être crucifié, puis décapité par un rasoir à pivot de son invention.

On s'occupait à table de ces insanités qui faisaient oublier un moment tant de préoccupations douloureuses.

Victor Hugo voulut imiter un si bel exemple et mit en quatrain sa dernière volonté :

> Je lègue au pays, non ma cendre,
> Mais mon bifteck, morceau de roi...
> Belles, si vous mangez de moi,
> Vous verrez combien je suis tendre !

Toutes les femmes présentes baissèrent les yeux.

CHARITÉ

Mme Drouet nous a raconté hier une anecdote charmante devant le Maître qui nous l'a confirmée. Cette histoire remonte aux plus mauvais jours du siège de Paris.

Une aimable et charitable femme, qui fut aussi une vraie artiste et ne survécut pas longtemps à l'Année terrible, Mme Paul Meurice, s'était faite la distributrice des charités du poète, en dehors du bien qu'elle faisait pour son propre compte. Elle vint un jour avertir Victor Hugo qu'une pauvre femme qu'elle connaissait était dans le dénûment le plus complet. Le Maître lui remit cent francs pour cette pauvre femme.

Cent francs, traités avec économie, pouvaient, même en ce temps-là, représenter plusieurs semaines d'un bien-être relatif. Aussi le poète s'étonna-t-il un peu quand, le surlendemain, Mme Meurice lui dit :

— Vous savez que Louise est dans le même état ?

— Ah ! et les cent francs ?

— Elle les a distribués à de pauvres mères et à de petits enfants qui mouraient de faim et de froid.

— Très bien. Voici cent autres francs que vous lui remettrez, mais à l'expresse condition qu'elle les gardera pour elle.

Mme Meurice partit et porta à Louise l'argent et la recommandation.

— Cet argent n'est que pour vous, dit-elle, ne l'oubliez pas.

— Ainsi, demanda Louise, ce n'est qu'à cette condition qu'on me le donne ?

— Parfaitement.

— Alors, vous pouvez le reprendre. Remerciez Victor Hugo de ses bonnes intentions, et dites-lui que je lui en suis reconnaissante.

— Ma foi ! dit la dame un peu embarrassée, je prends sur moi de vous laisser l'argent sans conditions ; je suis bien sûre de ce qu'on me dirait, si je le rapportais. Mais vous êtes une obstinée.

Cette obstinée s'appelait Louise Michel.

***

Victor Hugo a je ne sais quelle prédilection pour les cochers de fiacre et les conducteurs d'omnibus. On sait qu'il envoya à la Compagnie générale des Omnibus cinq cents francs pour les employés desservant certaines lignes qu'il avait l'habitude de suivre.

Quand il prenait une voiture de place, il avait l'habitude de payer le cocher d'avance, ajoutant au prix du tarif un pourboire généreux, et disant simplement :

— Vous allez nous promener deux heures.

— Où cela, monsieur ?

— Où vous voudrez.

Il lui déplaisait de fixer un itinéraire; il s'en rapportait à la fantaisie de ses conducteurs.

Si invraisemblable que cela paraisse, quelques cochers passionnés refusaient son argent ; pour les obliger à le prendre, Victor Hugo avait recours à des expédients :

— Vous ne voulez pas d'argent? Soit, je ne vous offre rien ; mais voici vingt francs que vous donnerez aux pauvres.

* * *

Victor Hugo reçoit un tel nombre de demandes de secours qu'il lui est matériellement impossible de les accueillir toutes. Il envoie, tous les ans, une grosse somme à l'administration de l'Assistance publique.

J'ai souvenir d'une comtesse, quêteuse obstinée, qui s'installa dans l'antichambre, déclarant qu'elle ne partirait pas avant que le poète eût accédé à sa demande. Cela n'aurait rien été si cette obstination n'eût été accompagnée de récriminations et de plaintes. Victor Hugo envoya à cette turbulente dame vingt francs enveloppés dans un billet où on lisait ces quatre vers :

> Voici mon louis, comtesse,
> Quoiqu'on puisse, en vérité,
> Manquer à la charité
> Qui manque de politesse.

* * *

Le nombre de demandes de secours écrites que reçoit le Maître semble croître tous les jours. Il y en a de fort touchantes, auxquelles il ne résiste pas. Quant aux visites intéressées, aux quêtes religieuses, à la mendicité à domicile, on s'en gare autant que l'on peut. Pourtant, il y a des habiles et des impudents qui forcent la consigne.

Un soir de grande réception, on annonce le marquis de Fualdès y Sacramento, grand d'Espagne, ou quelque chose d'approchant.

Entre un petit vieux monsieur d'une tenue irréprochable, dont l'habit noir se constelle de décorations étrangères. Il salue les femmes et s'assied au coin de la cheminée, en face de Victor Hugo. Le poète s'informe du motif de cette visite. Alors, dans un espagnol très pur et très élégant :

— Señor, dit le marquis, j'attends de l'argent d'Espagne, et je vous serais très reconnaissant si vous pouviez, en attendant, me faire la grâce d'une pièce de cinq francs.

— Comment donc ! monsieur le marquis, dit le poète en lui serrant la main.

Le marquis remercia d'un air digne, et sortit la tête haute, comme il était entré.

En vérité, cela valait un louis. Mais l'hidalgo se serait peut-être offensé d'une aumône; la vraie bonne grâce consistait à ne pas lui donner plus qu'il n'avait demandé.

※
※ ※

Une autre fois, le forceur de portes fut un simple curé de campagne.

Il arriva, suant, essoufflé, malpropre, dans l'antichambre de l'avenue d'Eylau, et demanda à quêter.

On voulut le renvoyer; il ne partit pas. Dans la maison, on traitait d'ailleurs les ecclésiastiques avec une grande politesse, comme on doit traiter ses ennemis.

Le bonhomme parla, prêcha et sut intéresser les servantes à sa cause. Il finit par entrer, se confondit en excuses, et s'assit sur le bord de la chaise qu'on lui présenta. Il exposa le motif de sa quête, qui était absurde. Mais il était si malpropre, si râpé, si persistant, qu'on ne savait comment le renvoyer. Il nous raconta ses affaires; il n'avait rien de caché pour nous. Avec une rare habileté, il ne dit pas un mot du dogme, ni de l'Église, et parla à un point de vue humanitaire, simplement.

On ne pouvait pas renvoyer un pareil bonhomme. Le Maître inscrivit son nom sur sa liste; la mère de ses petits-enfants doubla l'aumône. Comme je n'avais pas d'argent sur moi, je reconduisis le curé jusqu'à la porte — pour le brosser.

PAROLES DIVERSES

Victor Hugo n'aime que les fleurs sur pied. Il proscrit les bouquets et regarde les fleurs coupées comme des agonisantes. Nous ne l'avons jamais vu couper une fleur, même pour ses plus jolies visiteuses.

Aussi fait-il volontiers cadeau des bouquets qui lui arrivent à certains anniversaires en quantité considérable. Il ne conserve guère que les arbustes et les plantes en terre, qui prennent place, dans sa galerie, auprès de son buste par David d'Angers. Il explique à ses petits-enfants que les fleurs vivent et respirent comme nous, sont des personnes vivantes, et qu'il ne faut pas qu'il y ait trop de monde dans un appartement.

Il n'admet les fleurs coupées qu'en petite quantité et à la condition qu'elles soient placées dans les cheveux ou au corsage d'une femme.

*
* *

En général, on lit peu d'ouvrages à Victor Hugo, mais on lui en envoie beaucoup. La province, à cet égard, a des naïvetés formidables. De bons jeunes hommes adressent au Maître, sous pli recommandé, des poèmes en douze chants sur lesquels ils lui demandent son appréciation raisonnée. Il se hâte de s'excuser et de renvoyer les paquets, d'autant qu'il arriva un jour à l'un de ces envois de s'égarer, et que l'auteur jeta les hauts cris, prétendant que ce poème renfermait sa fortune et son avenir, et que la perte était irréparable. Il accusa même vaguement un des amis du Maître de l'avoir détourné — pour s'en faire une réputation.

Depuis ce temps, les manuscrits repartent courrier par courrier vers leurs expéditeurs. Le Maître, cependant, ne proscrit ni les vers ni la prose; les ouvrages de courte haleine trouvent grâce devant ses yeux. Il s'en fait volontiers lire quelques pages.

Un de ceux qui l'amusa le plus fut une réduction de la *Phèdre* de Racine, en deux actes. Cette profanation très gaie lui rappelait peut-être les luttes de 1830. « A la guillotine les genoux ! » et le mot sanguinaire de Petrus Borel : « Si je rencontrais

Racine au foyer, je lui passerais ma cravache au travers du corps ! »

Lorsqu'on arriva au dénouement de la pièce et que Thésée demanda à son confident avec un accent gascon :

> Quel malhur té ramène ?...

plus, aux premiers mots du fameux récit :

> A peine nous sortions des portes... — deux treizaines
> De gardes, ce qui fait vingt-six en tout, — rangés
> Près du char d'Hippolyte, étaient fort affligés...

le poète partit de tels éclats de rire que la lecture fut interrompue.

Et comme il riait bien !

***

La campagne entreprise par Victor Hugo contre la peine de mort date des premiers temps de sa vie.

Un de ses amis l'entraîna un jour vers la place de Grève où se faisaient alors les exécutions capitales. On suppliciait un parricide, Jean Martin, que le poète aperçut sous le voile de deuil. Victor Hugo avait consenti à assister à l'horrible spectacle, ayant à décrire une scène semblable dans un livre auquel il travaillait. Il avait trop compté sur ses forces et ne put regarder.

A la suite de quelques autres rencontres avec la guillotine, il écrivit le *Dernier jour d'un condamné*, qui fut édité par M. Charles Gosselin.

La lecture de l'ouvrage donna lieu à un différend singulier entre le poète et l'éditeur. Celui-ci, afin d'attirer l'intérêt sur le héros du roman, demandait que son crime fût raconté, expliqué et excusé par des circonstances atténuantes. A quoi Victor Hugo répondit qu'il ne faisait pas l'histoire d'un criminel, mais un plaidoyer dramatique contre la peine de mort.

Comme M. Gosselin insistait plus que de raison, Victor Hugo lui dit :

— Monsieur, je vous ai pris pour éditeur et non pour collaborateur.

Ces coups droits, qui portaient, étaient assez fréquents dans le langage du poète, quand il ne pouvait triompher de ses adversaires par la persuasion.

*
* *

— Non, nous dit Victor Hugo, je n'approuve pas cette comédie qu'on a jouée à propos de Bazaine, cette condamnation et cette grâce, cet emprisonnement et cette évasion fabriquée comme un acte de mélodrame. Cela me paraît indigne de gens sérieux. Il s'agissait de punir un des plus grands crimes qui aient jamais été commis, un crime contre la patrie. J'aurais rassemblé au Champ-de-Mars, dans le plus grand appareil, l'armée de Paris. Bazaine aurait paru devant elle dans son costume de maréchal, et aurait été dégradé de tous ses titres, de tous ses ordres. Après quoi, l'officier chargé de l'exécution lui aurait dit : « Vous pouvez vous en aller. » Et le traître aurait traversé, dans toute leur longueur, les lignes de l'armée dont il était chassé, chargé du mépris des soldats et de la réprobation publique.

*
* *

Victor Hugo ne s'émeut pas beaucoup des injures qu'il reçoit par la poste et qui ne sont pas toujours affranchies. Elles ont, pour la plupart, une origine cléricale. Quelques-unes viennent de gens qui se fâchent de ne pas recevoir de réponse à des demandes niaises ou intéressées. Nombre d'inventeurs, beaucoup de toqués, des séminaristes inspirés par la sainte Vierge qui veut retirer le poète de l'abîme par leurs mains innocentes. Un monsieur avance cette proposition hardie, c'est que

« toute lettre mérite réponse ». Cela peut évidemment se discuter.

Hugo nous a rappelé quelques-unes des invectives dont il avait été l'objet après *Lucrèce Borgia*. Un aristarque pudibond le représenta comme

> Un Homère assidu de la fille de joie ;
> Alignant de grands mots, façonnant de grands vers,
> Tantôt les plantant droits et tantôt de travers...

Qu'aurait dit ce vertueux critique s'il avait lu les *Misérables* et l'épisode de Fantine ? Voilà, s'écriait-il après *Lucrèce*,

> Voilà les fruits certains du drame moyen âge :
> Vous nous prêchez le crime et le concubinage !
> L'humanité vous somme aujourd'hui par ma voix
> De ne plus exhumer les horreurs d'autrefois :
> Car vous l'avez compris, dramaturges infâmes ;
> C'est vous qui dépravez la jeunesse et les femmes !

Victor Hugo ne s'amenda pas. Il continua à mériter les rigueurs de ses adversaires. Les *Chansons des rues et des bois* lui valurent, entre autres, cette appréciation peu littéraire :

« M. Victor Hugo, cassé par la débauche,
« n'ayant plus un cheveu sur la tête ni une dent
« dans la bouche, vient de publier un livre obs-
« cène. »

Quand l'invective en arrive à cette violence, elle devient amusante. Mais elle est maladroite. Tout Paris, ou du moins tous les amis du poète ont pu s'assurer *de visu* qu'il a conservé jusque dans l'âge le plus avancé des dents irréprochables et des cheveux superbes. Cela peut faire suspecter la bonne foi d'une critique si peu polie.

Les journaux de l'Empire en disaient bien d'autres. Ils représentaient l'auteur des *Contemplations* comme un ivrogne qu'on ramassait sous la table, comme un forcené qui prêchait l'assassinat. Si bien que Victor Hugo lui-même voulut résumer sous une forme concise, pour en rendre la mémoire plus facile, les accusations dont on l'accablait. Il écrivit :

> Voici les quatre aspects de cet homme féroce :
> Folie, assassinat, ivrognerie et bosse !

Car on avait assuré que son corps était aussi contrefait que son esprit, et qu'en idéalisant Quasimodo, il cédait à un sentiment d'intérêt personnel. La réalité, c'est que l'esprit et le corps sont chez lui en parfaite harmonie, et l'on sait quelle beauté majestueuse, fixée par David d'Angers, ont sa tête fière et son front éclairé par la pensée.

Mais ces deux vers, dont il s'était marqué dans un moment d'imprudence, eurent des suites auxquelles il ne s'attendait pas.

On connaît la pruderie anglaise. Elle va jusqu'à nier certains mots, entre autres ceux de culotte et de pantalon, la négation du mot entraînant la négation de la chose. Si quelques Anglais se résignent à revêtir des *inexpressibles*, c'est par une timidité condamnable ; les Écossais l'entendent bien mieux. Aussi, dans les îles de la Manche où le *Cant* règne et gouverne, on se croirait déshonoré si l'on portait un caleçon. Même au bain. Surtout au bain. D'ailleurs on ne vend pas de caleçons à Jersey. On est réduit à se baigner dans le costume primitif que notre père Adam avait adopté — avant la pomme.

.. Victor Hugo avait dû se conformer à l'usage du pays. Une fois il se baignait avec quelques amis sur la plage de Jersey ; ces messieurs s'aperçurent qu'ils étaient observés. Un groupe de jeunes misses, rassemblées sur une éminence voisine, braquait sur eux des lorgnettes de spectacle et semblait discuter avec animation.

— Que peuvent-elles regarder ainsi ? se demandèrent-ils.

Un des leurs, qui ne se baignait pas, revint sur ses pas et se rapprocha de ces demoiselles. Bien qu'il n'eût pas été présenté, une jeune fille passant sur cette formalité, lui demanda lequel des baigneurs était M. Victor Hugo. Le poète lui fut désigné. Elle poussa un soupir de satisfaction.

— Mais nô, dit-elle, il n'était pas bossu.

Le Français, à qui les terribles vers que nous avons cités revinrent en mémoire, respira longuement devant tant de candeur.

— Alors, miss, c'est sa bosse que vous regardiez?

— Certainement, dit-elle.

Et Mme Drouet, qui raconte cette aventure, ajoute :

— J'aime à le croire.

*
* *

Les demandes d'autographes arrivent à Victor Hugo comme un flux régulier et croissant. Il n'est pas toujours en humeur d'en accorder, surtout lorsqu'il travaille ou qu'il est préoccupé. Il écoute alors la lecture de sa correspondance d'une façon distraite.

— Voulez-vous que nous attendions une heure? dit-il quelquefois.

On attend et peu à peu il redescend sur la terre. Quand on lui dit, comme dans *Marion Delorme :* « L'heure est passée, » il rentre dans la vie réelle. Les plus grands demandeurs d'autographes, après les Français, sont les Anglais et les Américains. Ils procèdent quelquefois avec une franchise toute laconique :

« Monsieur, vous me feriez plaisir en m'envoyant votre autographe. — *Your obedient servant*, etc. »

Comme on ne peut pas contenter tout le monde, Mme Drouet, qui a la direction de ce département, met de côté les lettres indifférentes ou qui demandent un autographe du Maître « pour compléter une collection ».

Les lettres vraiment polies, les lettres de femme surtout, obtiennent une préférence bien naturelle. Les demandes de portraits signés réussissent peu, à moins que le portrait n'accompagne la lettre. Cela se comprend. Un journal d'eaux-fortes envoya un jour au poète cent très beaux portraits de Victor Hugo, par Frédéric Régamey, et ornés d'un encadrement emprunté à un dessin du poète. Au bout de deux mois, ils étaient épuisés.

Une grande dame italienne écrivit un jour au poète : Monsieur, je vous envoie mon portrait en échange du vôtre. — Malheureusement, le poète n'avait pas son portrait sous la main. La dame fut oubliée et s'en plaignit d'une façon amère. Il n'y avait pourtant là-dedans aucune mauvaise volonté.

Un soir, un ambassadeur privé se présente, décline son nom, et est fort bien accueilli. Dans les meilleurs termes, il demande un autographe destiné à figurer dans l'album d'une princesse.

— Rien de plus facile, répondit Victor Hugo. Son Altesse n'a qu'à me le demander elle-même.

* *

Le quatre septembre, la République était proclamée. Le cinq, Victor Hugo quittait Bruxelles et prenait un billet pour Paris. Mme Drouet l'accompagnait. Le poète rentrait en France, mais dans la France en deuil, combattante, envahie. Les premiers soldats français qu'il rencontra, éreintés, abattus, se traînant sur les routes, lui arrachèrent des larmes. Il se penchait à la portière du wagon pour les saluer et les acclamer. Les malheureux, abattus par la défaite, ne comprenaient pas. A Paris, on lui fit une réception incomparablement touchante. On en connaît les incidents les plus considérables. Je ne m'attache qu'aux détails qui m'ont été donnés par le Maître.

Un ouvrier monta sur le marchepied de sa voiture, pour lui serrer la main, et murmura ces vers que Victor Hugo avait écrits quelque temps auparavant pour son petit-fils :

> Passereaux et rouges-gorges,
> De la forêt et des eaux
> Revenez faire vos orges,
> Messieurs les petits oiseaux,
> Chez monsieur le petit Georges...

Quoi de plus délicat, disait sa compagne, que ce souvenir de famille rappelé en un pareil moment !

Victor Hugo en fut profondément ému.

Il n'avait prononcé que quelques mots, en rentrant dans Paris au milieu d'une foule enthousiaste :

« Citoyens, j'avais dit : le jour où la République rentrera, je rentrerai. Me voici… »

Quelques jeunes gens suivirent sa voiture au pas de course. Il retrouva la foule aux grilles de l'avenue Frochot où il allait demeurer. On poussait des cris de joie, d'accueil et de bienvenue. — Ah ! fit le poète attendri, vous me payez en une heure dix-neuf ans d'exil !

*
* *

Victor Hugo nous a parlé d'archéologie, et de Notre-Dame il est descendu à la Samaritaine, bâtie sous Henri IV pour donner de l'eau au palais du Louvre. Nous ne lui connaissions pas une aussi noble origine. Du côté du Pont-Neuf se trouvait la principale décoration du monument élevé sur de grosses poutres. Jésus-Christ et la Samaritaine s'entretenaient de choses diverses auprès du puits de Jacob, d'où jaillissait une nappe d'eau.

La fontaine était décorée d'une horloge sur laquelle un bonhomme, appelé naturellement Jacquemart, venait frapper les heures avec un marteau. On en fit une complainte dont ces vers sont restés :

> Arrêtez-vous ici, passant;
> Regardez attentivement,
> Vous verrez la Samaritaine
> Assise au bord d'une fontaine :
> Vous n'en savez pas la raison ?
> C'est pour laver son cotillon.

Ces vers étaient au moins médiocres et ne devaient pas réjouir extrêmement les mascarons du Pont-Neuf qui pouvaient les lire toute la journée.

Quoi qu'il en fût, la faveur royale érigea la Samaritaine en gouvernement, aux dépens du public, bien entendu. La Samaritaine avait un gouverneur richement appointé dont la besogne consistait à regarder couler la fontaine. En 1789, la chose tomba dans l'eau.

***

Comme j'arrivais, la bonne me dit :

— Monsieur, la marmite est renversée. On dîne en ville.

— Ce qui n'empêche pas, dit la maîtresse de la maison, que vous dînez avec nous. Nous allons au restaurant; c'est une partie. Conduisez-nous dans un bon endroit.

Nous partons, pour aller dîner *au Bœuf à la mode*.

Victor Hugo regarde avec beaucoup d'intérêt l'enseigne de l'établissement, un bœuf de bonne mine, portant un châle de cachemire et un chapeau empanaché qui date de 1830. Le costume — le costume seulement — lui rappelle Mlle Mars. Mme Drouet nous affirme qu'elle a porté des choses pareilles. Le maître répond que cela lui allait parfaitement bien. Mme Drouet sourit et ne le contredit pas.

Par amour de la tradition, je suppose, le poète, qui est d'un grand appétit, mange deux ou trois portions de « bœuf à la mode ». Mais il nous laisse la liberté de varier notre menu.

— Ah ça! dit la dame, vous n'allez pas nous ramener à la maison, je suppose? Qu'allons-nous faire ce soir? Allons au spectacle.

— Soit.

Je fais apporter un journal. On joue à la Comédie-Française une pièce que le maître n'aime pas.

— Je reverrais avec plaisir la Porte-Saint-Martin, dit Mme Drouet. Que donne-t-on ce soir?

— Le *Juif errant*.

— Eh mais! le *Juif errant* n'est pas à dédaigner.

— D'autant, dis-je, qu'il est dix heures et que nous n'en verrons qu'un acte ou deux.

Nous partons. Victor Hugo nous exprime ses scrupules. Il craint de déranger le contrôle, il n'y aura peut-être pas de places ; il préférerait prendre sa loge au bureau. Je le prie de s'en rapporter à moi pour régler ces détails. Il y consent avec quelque difficulté. Pourtant les choses se passent fort bien. J'entre au théâtre et demande si l'on ne pourrait pas offrir une loge à Victor Hugo. On met la salle entière à ma disposition ; pour un peu, on lui aurait offert même les places occupées.

Victor Hugo passe comme une ombre. Mme Drouet le suit ; on nous renferme dans une boîte assez bien située. Nous tombons précisément sur l'acte de la Reine Bacchanal. Victor Hugo s'amuse de tout son cœur ; il applaudit si fort que notre compagne lui dit : Vous allez vous faire remarquer.

Cela le calme immédiatement. Selon son désir, nous partons avant la fin du drame, mais il me dit :
— C'est très amusant. Demain vous me raconterez la pièce.

**

Victor Hugo nous a parlé de Paris à propos de Versailles, la ville morte, qu'on essaye vainement de ressusciter (1873). Il a dit de fort belles choses ; on voit que Paris lui appartient un peu depuis qu'il y a pris possession de Notre-Dame.

Paris n'est pas seulement un amas de pierres taillées, une ruche d'hommes, une réunion d'âmes; c'est une cité qui a une vie propre, produite par la fermentation des idées ; son individualité ne saurait être contestée. Elle résulte du travail des siècles passés, du contact des natures puissantes et enthousiastes attirées par la Ville, de ses grands souvenirs, de je ne sais quoi de mystérieux qui plane sur elle. La sève déborde du vase à faire croire que c'est lui qui la fournit. Le temple est sanctifié par le Dieu qui l'habite, et le temple fait des miracles. Paris a subi la contagion des fièvres qu'il renferme, et à son tour il donne la fièvre à ceux qui s'approchent de lui ou qui touchent à sa grandeur.

*
* *

Mais le Maître est sévère pour quelques monuments de Paris.

« L'Arc de Triomphe est véritablement grand, a-t-il dit. Je doute que le Panthéon le soit jamais. Ce n'est pas seulement parce qu'il ressemble à un gâteau de Savoie, — puis, ce sont peut-être les gâteaux de Savoie qui lui ressemblent, — mais, dans cette superposition de dômes, de coupoles et de frontons, rien ne m'étonne, rien ne m'attire. C'est un monument éclectique dans lequel il y a un peu de tout : des nefs et des caves, des autels catholiques et des colonnades grecques, une chaire accrochée au mur comme une cage dans la loge d'un portier. Clovis, Charlemagne, sainte Geneviève, Louis XVIII, la duchesse d'Angoulême, les chapelles du Vatican, des balcons, des perrons, des entablements ; — un vaste édifice désert qui inspire l'ennui et que ne remplit aucune horreur sacrée. On y dit la messe au-dessus de Voltaire, on s'y confesse au-dessus de Rousseau, et sur le fronton du monument on lit : *Aux grands hommes la patrie reconnaissante.* Que voulez-vous que Dieu aille faire là-dedans ? »

*
* *

Deux vers de Victor Hugo, écrits sur un album, ont eu une sorte de célébrité, et témoignent de la mauvaise volonté du poète pour les quêteurs d'autographes. Cette histoire remonte à 1844 ou 1845.

Un M. Dousse d'Armanon, comte du Saint-Empire, ce qui lui permettait de s'habiller entièrement de rouge dans les bals officiels où on le conviait, promenait alors à travers l'Europe un album qui doit exister encore, et dont il avait fait sa gloire, sa fortune, son dada. Cet album prodigieux, enrichi de portraits d'une réelle valeur, débutait par les autographes du Pape, et de tout le sacré collège. Tous les souverains de l'Europe avaient tenu à honneur d'y figurer. Les artistes avaient suivi.

Je ne sais quels moyens d'action étaient employés par M. d'Armanon, mais il était à peu près impossible de résister à ses demandes et de lui refuser les quelques lignes qu'il demandait. Jeune et d'une belle prestance, il apportait dans son œuvre une persévérance inouïe, et les femmes se faisaient solliciteuses pour lui. Garder son album quelques jours dans son salon était une gloire ; on organisait une petite fête pour le montrer à ses amis, et pour l'obtenir on se faisait complice du demandeur.

Victor Hugo n'a jamais dit à quelles sollicitations il avait cédé, mais il a avoué qu'on l'avait fort tourmenté. Qui sait même ce qu'on avait pu lui promettre? Il prit enfin la plume, et comme l'énorme livre répétait à toutes les pages le nom de Dousse d'Armanon, il écrivit :

> Il aurait volontiers écrit sur son chapum :
> C'est moi qui suis Guillot, berger de cet album.

Cet album prodigieux fut plus tard vendu fort cher ; il ne serait pas impossible que ce fut à M. Solar ou au financier Mirès.

***

La galanterie chevaleresque de Victor Hugo est connue de tous, et les femmes en abusent quelquefois.

Rien ne lui est plus désagréable que d'être mis en demeure d'écrire sur un album, où l'on risque tout au moins de se trouver en mauvaise compagnie.

Mais le moyen de résister à de beaux yeux qui supplient, à de douces voix, à d'aimables paroles ? Il finit presque toujours par promettre, et par tenir.

Voici ce qu'il écrivit sur l'album d'une très charmante musicienne qui se plaignait d'avoir été mal reçue par des dames du noble faubourg :

> Un rossignol rendait visite à des chouettes,
> Et quand il s'en allait, — notez ceci, poètes, —
> Ces monstres s'écriaient : « Quel vilain animal !
> Comme il est ennuyeux et comme il chante mal !

***

Victor Hugo nous a parlé de l'Assemblée de Bordeaux où il ne fit pas un long séjour.

Il causait avec son ami Schœlcher, quand l'ordre du jour amena la discussion qui tendait à faire annuler l'élection de Garibaldi en Algérie. Ce n'était pas seulement une noire ingratitude, mais une honte. Victor Hugo monta à la tribune et demanda la parole :

« Ce fut, nous a-t-il dit, un si formidable tapage, qu'à moins de l'avoir entendu, on ne saurait s'en faire une idée. »

Mais il eût fallu bien autre chose pour le troubler. Il s'était trempé comme l'acier dans les luttes littéraires de 1830. Il parla ; sa voix redoutable, aux notes sourdes et puissantes, domina un moment le tumulte. Quand, rendant hommage au grand patriote italien, il s'écria : « C'est le seul général qui n'ait pas été vaincu ! » des cris de rage retentirent, et le général Ducrot, pour qui c'était une bien belle occasion de se tenir tranquille, s'écria : « On ne peut pas rester là-dessus. »

— Vous y resterez pourtant, général, » dit le poète.

*
* *

L'Assemblée de Bordeaux dépassa les violences de 1851. Les esprits, affolés par la défaite, par la peur, par la responsabilité qui pesait sur eux, ne gardaient aucune mesure. Victor Hugo nous rappelait l'entraînement auquel céda l'abbé Jaffré, représentant du Morbihan.

Ce bon prêtre, qui débutait dans la carrière législative, fut trompé par les cris : A l'ordre ! qui résonnaient à ses oreilles et l'étourdissaient un peu. Prenant Victor Hugo, calme au milieu de la tempête, pour l'antechrist lui-même, fidèle d'ailleurs aux traditions cléricales, il criait de la meilleure foi du monde : « Oui, oui ! A mort ! A mort ! » et il n'eût pas fallu le prier beaucoup pour qu'il livrât l'orateur aux flammes du bûcher.

— Il n'y mettait du reste aucune méchanceté, ajoutait Victor Hugo.

* *

Triste journée que celle d'hier. Nous accompagnions au Père-Lachaise une bonne et charmante femme, Mme Paul Meurice, que nous regrettions tous. Victor Hugo conduisait le deuil, la tête découverte ; le cortège suivait les boulevards extérieurs ; une petite pluie froide et persistante s'abattait sur les pavés glissants ; le ciel était lourd et plombé, une vraie journée de décembre.

Tout à coup, à moitié route environ, des sons discordants arrivèrent jusqu'à nous.

C'était la foire de Belleville, installée sur les boulevards extérieurs, sur un parcours de plus d'un kilomètre. Malgré le mauvais temps, elle était sillonnée par une foule de curieux ; il est vrai que nous étions au dimanche. Le convoi prit la droite de la chaussée, passant derrière les baraques et les voitures des saltimbanques. On côtoyait les coulisses de ces théâtres en plein vent, et quelques pauvres filles en jupes pailletées, toutes frissonnantes, venaient nous regarder passer.

Nous arrivâmes auprès d'une grande ménagerie dirigée, je crois, par le dompteur Pezon. Au moment où le char s'avançait le long de l'établissement, côtoyant les cages des bêtes fauves, des rugissements formidables éclatèrent à l'intérieur ; les lions prisonniers devaient bondir dans leurs cages. Victor Hugo ne détourna pas la tête. Mais deux ouvriers qui causaient sur le trottoir, le reconnurent, et l'un dit :

— Ils sentent que l'AUTRE passe.

Il y a des gens choqués de voir cet homme resplendir pacifiquement sur un piédestal qui s'élève de toutes les pierres qu'on lui jette. Après avoir essayé de le démolir, ils en sont réduits à faire partir sous ses pieds des pétards et des pois fulminants. On lui attribue des mots bouffons, des prétentions ridicules. On lui fait un crime de porter des chapeaux mous, — crime chimérique, car il n'en a jamais porté. Il faut bien imaginer quelque chose et ne pas le laisser planer sur les hauteurs, sans essayer de le tirer à bas. Songez au scandale qu'il donne aux modérés de notre génération, cet être qui remplace l'honneur conventionnel par l'honneur absolu, ce penseur plus croyant que les prêtres, plus puissant par l'esprit que les souverains par la force ! Cela est à la fois un désordre et un scandale.

Il ne le portera pas en paradis. Vous saurez qu'il s'appelle Cornay ou Cornet, et qu'il est marquis de Cucullado. On ne se relève pas de ces choses-là. Ce n'est rien encore. Vous pouvez le nommer à votre gré comte de Cienfuentes ou de Squienza, et même M. le vicomte Hugo, du nom de son père. En outre, il est pair de France et décoré de plusieurs ordres qu'il ne porte pas, ce qui est le comble de l'outrecuidance. Que peut-on répondre à cela ?

Victor Hugo, ce soir, au dessert, a timidement essayé de se défendre. Il a avoué que le général Cornet avait voulu le faire son héritier de pairie, à la condition de porter le nom de Cornet, joint au nom de Hugo. « Ma mère a refusé pour moi. » Les autres titres incriminés furent accordés au général

Hugo par le roi Joseph, pour le compte duquel le vieux soldat avait pris quelques places fortes en Espagne. Mais le général refusa le plus dangereux ; le nom de Cucullado sonnait mal. Il s'en excusa auprès du roi Joseph.

— Sire, dit-il, Molière a aboli depuis longtemps les marquis et les marquisats.

Victor Hugo convint ensuite qu'il ne porte pas ses titres, et qu'en fait de rouge sur ses habits on ne peut signaler que les manches de son gilet de flanelle, quelquefois un peu longues...

Une accusation plus grave a été portée. On a prétendu que le Maître était plus galant que Henri IV, et aucune des femmes présentes n'a essayé de le disculper. Le poète, mis au pied du mur par un avocat général improvisé, a répondu, avec un grand sang-froid, « que son prochain volume paraîtrait en janvier et que le résultat des dernières élections avait trompé bien des gens.. » On jugera si la réponse est suffisante.

Un mot d'ouvrier, entendu hier, et noté en rentrant.

Je venais de rencontrer Victor Hugo sur l'omnibus de la Petite-Villette. Point de chapeau mou, malgré la légende, mais son chapeau de soie à haute forme avait été remplacé par un panama. Bien que cette coiffure légère et peu solennelle fût suffisamment autorisée par le soleil, j'entrevis de nouveaux dangers. L'inventeur du chapeau mou allait certainement accuser le poète d'avoir mis un bonnet phrygien pour révolutionner les populations de Belleville.

Un ouvrier qui se trouvait près de nous regardait Victor Hugo.

— Je le connais bien, nous dit-il. Il va se promener aux Buttes-Chaumont, sur les tertres. Et quand il est là, voyez-vous, la butte, c'est la montagne !...

* * *

Victor Hugo avait réuni dans un dîner intime Gustave Flaubert, Arsène Houssaye, Catulle Mendès, Henri Houssaye, Théodore de Banville, M. Floquet, etc. Il venait d'être élu sénateur et avait écrit au maréchal de Mac-Mahon pour lui demander de retarder le départ de Brest d'un navire qui devait transporter à la Nouvelle-Calédonie des condamnés de la Commune.

On était déjà à table lorsqu'une bonne entra, tenant à la main une lettre et un papier. Ce papier était un reçu à signer et à remettre au garde de Paris qui apportait la missive.

Victor Hugo décachète la lettre, la parcourt, et s'adressant à ses amis : « Messieurs, en 1845 je n'étais encore ni pair de France, ni sénateur, ni même Victor Hugo; un soir je réveillai le roi Louis-Philippe pour lui demander la grâce de Barbès; à cinq heures du matin j'étais réveillé à mon tour par un exprès; il m'apportait la grâce. En 1862, exilé à Guernesey, j'écrivis à la reine d'Angleterre pour lui demander la grâce de trois fenians. Trois jours après, je recevais de la reine Victoria une lettre m'annonçant qu'elle accordait la grâce. Dans les mêmes circonstances j'ai souvent écrit au czar, à des rois, à des présidents de république. Monsieur de Mac-Mahon dont je dirai, si je veux être poli à son égard, qu'il n'est que mon égal, m'envoie le billet suivant; je vous demande la permission de vous le lire :

« Si M. le sénateur V. Hugo désire obtenir une grâce, ce n'est point au président de la République qu'il doit s'adresser, mais à M. Martel, président de la commission des grâces.

« *Pour le Président :*
« E. D'Harcourt. »

Puis, Victor Hugo froissa, déchira cette note et la jeta à terre.

— Décidément, ajouta-t-il, ceci prouve qu'il ne sait ni lire ni écrire.

**
* **

L'origine de la maladie à la suite de laquelle Victor Hugo dut aller prendre quelques mois de repos à Guernesey, en 1878, n'a jamais été racontée. Il peut y avoir du reste plusieurs versions à ce sujet, mais je crois que la mienne est la bonne.

A sa bienveillance absolue, à sa politesse exquise, Victor Hugo joint une vivacité d'esprit extrême ; il est fort despotique — dans la discussion. Il cherche à convaincre, et, s'il n'y parvient pas, s'irrite de la résistance, s'emporte avec des gestes magnifiques et des éclats de voix à faire trembler.

Il y eut un soir une sorte de tournoi oratoire entre le Maître et Louis Blanc ; j'en ai gardé un éblouissant souvenir.

Il s'agissait, en ce temps, de réunir dans une même apothéose Voltaire et Rousseau. Victor Hugo ne voulait pas placer ce dernier nom à côté de celui de Voltaire. L'auteur de l'*Art d'être grand père* ne pouvait pardonner à l'auteur de l'*Émile* d'avoir placé les enfants de Thérèse aux Enfants Trouvés.

Louis Blanc répondait doucement, avec une grâce exquise, de sa petite voix claire. Il opposait aux coups de boutoir de Hugo un calme parfait et des phrases faciles et colorées. Son habileté oratoire consistait à ne tenir à peu près'aucun compte des arguments qu'on lui opposait. Quand il ne pouvait ni les éluder, ni les tourner, il les tenait pour non avenus, revenait à son imperturbable antienne, s'autorisait de la tradition qui fait de Rousseau le pendant de Voltaire sur toutes les cheminées libérales, et glorifiait le *Contrat social* et l'influence de Rousseau sur les hommes de la Révolution.

Cela était fort bien dit, mais avec une insistance acharnée. Victor Hugo se retira sans céder un pouce de terrain à son adversaire, qu'il aimait si cordialement d'ailleurs ; mais la contrariété éprouvée, jointe à d'autres fatigues, lui causa une irritation nerveuse qui l'obligea à aller respirer l'air des îles de l'Archipel. Après peu de temps, il était parfaitement remis et reprenait sa vie de devoir et de travail.

*
* *

C'était avant l'amnistie. Victor Hugo disait un jour en parlant de M. de Villemessant :

— C'est un ennemi, soit. Je n'ai pas à le juger, je ne le juge pas. Mais je crois que les hommes se divisent en bons et en mauvais. Eh bien! M. de Villemessant est un bon.

Puis, il ajouta :

— Tenez, je ferais volontiers un pari. Si, aujourd'hui, — c'est une supposition absurde, mais enfin, faisons-la, — si aujourd'hui j'écrivais sur une feuille de papier : « Bon pour cinquante mille francs, payables par M. de Villemessant, pour être distribués aux proscrits de Nouméa. » et si j'envoyais cette feuille de papier à M. de Villemessant, il payerait à vue, sans hésiter.

*
* *

On parlait à la table de Victor Hugo, quelque temps après la défaite de la Commune, d'un des chefs du mouvement insurrectionnel, fort connu pour sa bassesse et sa couardise souvent prouvées, et qui, une fois de plus, avait réussi à se mettre en sûreté, tandis que d'autres se faisaient bravement tuer sur les barricades. On se demandait comment il avait pu, étant traqué, s'échapper de Paris, disparaître.

— Cet homme-là, dit Victor Hugo, a toujours eu des relais dans tous les égouts.

※
※ ※

On a parlé des visites charitables faites par le maréchal de Mac-Mahon aux victimes des dernières inondations, et de l'exclamation bien naturelle : « Que d'eau ! que d'eau ! » par laquelle il a résumé ses impressions de voyage.

Victor Hugo a rappelé à ce sujet une anecdote amusante du siècle dernier. Le czar Pierre était venu à Paris pour visiter nos ports, nos arsenaux, et respirer l'air de la société française. On avait fait comprendre à cet éminent sauvage la nécessité de montrer quelque urbanité dans ses visites et de paraître prendre intérêt aux choses et aux personnes qu'il allait observer. Le maréchal de Luxembourg, ce spirituel bossu, et quelques courtisans avaient été désignés pour l'accompagner. Ils lui suggéraient des mots profonds ou gracieux, de façon à ce qu'il n'eût pas la peine de les imaginer; c'est une fatigue qu'il convient d'épargner aux personnes royales.

Donc, le czar Pierre, après avoir vu Mme de Maintenon et l'avoir traitée comme une curiosité vieillie, visitait l'Hôtel-Dieu, au milieu d'un groupe de seigneurs. Il s'était montré bienveillant et plein d'à propos. Il lisait, sur de petits écriteaux accrochés aux rideaux des lits, le nom des maladies qu'on y soignait, et demandait aux malades avec intérêt : — Comment va votre pleurésie? Comment va votre fièvre?

Puis, tout à coup, se tournant vers le maréchal de Luxembourg :

— Et vous, maréchal, comment va votre bosse?

*
* *

Victor Hugo parle rarement de M. Thiers, surtout depuis que le petit homme est descendu de la présidence de la République. Il semble qu'il ait de lui l'opinion qu'on peut résumer par deux vers de Corneille, légèrement modifiés :

> Il a fait trop de bien pour en dire du mal ;
> Il a fait trop de mal pour en dire du bien.

Le Maître a refusé de nous dire l'histoire du « derrière montré », qui valut à M. Thiers le nom de « foutriquet, » imaginé par le maréchal Soult. Cette anecdote a été racontée diversement, dit Victor Hugo, peut-être est-elle controuvée.

Mais il a affirmé que M. Thiers avait dit de lui, dans un groupe intime :

— Victor Hugo! que voulez-vous ? Ce n'est pas un homme comme il faut...

⁂

Victor Hugo nous a dit les nécessités de la politique parlementaire et les engagements de vote qu'il faut subir quelquefois.

— Je ne me pardonnerai jamais, dit-il, d'avoir voté pour Dufaure, mais ma parole était engagée. Quand je suis rentré chez moi, après la séance, j'avais horreur de moi-même.

⁂

Un ami de la maison, un homme d'un grand talent, quelque usage qu'il en ait fait, un homme enfin qu'il ne me sied pas de juger, parce que cette anecdote le rendra trop facile à reconnaître, s'éloigna du salon de Hugo pendant un certain temps, pour cause de dissentiments politiques.

Il était devenu le représentant de la politique présidentielle du maréchal de Mac-Mahon, qu'il défendait de tout son cœur et de tout son esprit, avec une entière bonne foi.

Le maréchal était fort embarrassé de ce dévouement et de ces délicatesses qui ne s'accordaient pas avec les tendances et les conseils de ses amis particuliers.

On sait qu'il congédia son premier ministre avec une brusquerie toute soldatesque, par une lettre à peu près semblable à celle qu'on adresse à un employé que l'on renvoie.

Le ministre ne se départit pas de ses façons exquises d'homme bien élevé, et répondit au maréchal par un long factum dans lequel il donnait sa démission et faisait valoir ses moyens de défense.

— C'est trop long ! s'écria Victor Hugo ; à sa place, voici ce que j'aurais écrit :

« Monsieur le maréchal,

« Je vous prie d'agréer l'hommage de mon coup de pied au c... »

*
* *

Ces sorties de Victor Hugo sont peu fréquentes ; il faut qu'il soit emporté par la passion ou par quelque gaieté pour se les permettre.

On ne l'entend jamais jurer, sauf dans de très rares occasions, et encore c'est entre les dents. Il se départ rarement de son aménité ; quand il se laisse emporter par la discussion, son langage devient plus élevé, plus noble, plus pittoresque.

Pourtant, quelques vieux souvenirs l'arrachent de temps en temps au style ... réservé. Il sait une chanson fort réjouissante que le général Hugo lui a apprise en le faisant sauter sur ses genoux. Je dis faux en disant « apprise »; il est probable que l'enfant l'avait retenue en l'entendant fredonner par son père. Elle arrive directement des grenadiers de la vieille garde. L'Empereur y reçoit à merci tous les souverains de l'Europe, mais à une singulière condition :

>Baise mon c..., la paix est faite,
>Turlurette !...
>Et la paix fut faite !

* * *

Victor Hugo parle toujours avec une extrême politesse de Mlle Eugénie de Montijo, qui eut l'honneur d'être reçue chez lui, alors qu'elle était jeune fille. Son respect pour les femmes est absolu ; il les met en dehors de ses anathèmes. C'est donc à tort que quelqu'un — dont le nom importe peu — l'accusait d'être « mal élevé » quand il écrivit ces vers sur Bonaparte :

>Qu'il soit le couronné parce qu'il est le pire,
>Le maître des fronts plats et des cœurs endurcis ;
>Que son Sénat décerne à sa race l'Empire,
>S'il trouve une femelle et s'il a des petits !

Ces vers furent écrits en octobre 1852, et à cette époque, l'empereur, ou celui qui allait le devenir, cherchait encore — sans succès — une femme dans les petites cours allemandes. La belle Espagnole ne pouvait donc pas être en cause.

Il est vrai que, quelque temps avant son mariage, elle fit consulter le poète au *sujet de ce mariage*, peut-être avec l'espoir naïf et bien féminin de le rallier. Victor Hugo lui fit tenir par une main sûre *les Châtiments* et *Napoléon le Petit*. Elle les lut peut-être, et passa outre, naturellement. Cela coûta cher au pays.

On raconte du reste que, devant les fureurs vengeresses d'un poète qu'elle ne pouvait s'empêcher d'admirer, cette grande enfant inconsciente et malfaisante demandait, avec la naïveté précitée :

— Enfin, qu'avons-nous fait à M. Victor Hugo, pour qu'il nous traite ainsi ?

— Parbleu ! répondit le poète à qui l'on rapportait ce mot, ils m'ont fait le Deux-Décembre.

* *

On a reproché au portrait de Victor Hugo, par Bonnat, d'avoir un aspect sévère, presque farouche. On cherche à expliquer cela, en disant que le peintre a voulu représenter l'auteur *des Châti-*

ments. Cela est fort possible, mais il y a une explication plus naturelle à donner.

Bonnat a peint ce portrait du Maître au retour du voyage à Guernesey (1878). Victor Hugo était alors préoccupé d'affaires ennuyeuses ; il réglait des intérêts de famille ; la maison qu'il allait occuper avenue d'Eylau n'était pas tout à fait prête, était pleine d'ouvriers. Ce déplacement entraînait un changement de vie et d'habitudes, toutes choses qui l'assombrissaient un peu. Et le peintre a fait Victor Hugo tel qu'il le voyait.

*
* *

Cosette ne s'est pas tenue tranquille dans *les Misérables*. Elle n'envoie pas seulement à Victor Hugo de petits bouquets, mais des lettres qui ne sont pas mal tournées. Le poète les lit avec plaisir, quand Mme Drouet ne les met pas dans sa poche. Quel miracle que le génie, et comme il entraîne avec lui le don d'éternelle jeunesse et de séduction éternelle ! Cosette n'est pas la seule du reste dont la correspondance soit proscrite. Victor Hugo, avec son admirable indulgence, sourit et dit à sa compagne :

— Eh ! madame, ce sont des enfants !

— Monsieur, répond Mme Drouet avec une certaine sévérité, il est des enfants de tout âge.

* * *

— Je tiens absolument à vous avoir demain à dîner, écrivait à Victor Hugo une très jolie femme. Ne m'objectez ni ceci, ni cela, ou je dirai partout que vous êtes un ours !

Le moyen de résister à cette mise en demeure ? Victor Hugo répondit sans hésiter :

> Je suis l'Ours du Jardin des Plantes.
> O vous! femme charmante entre les plus charmantes,
> Ajoutez un couvert, car Hugo s'est promis
> De ne jamais dîner sans moi chez ses amis.

* * *

Le dernier banquet auquel assista Victor Hugo fut celui qui fut donné à l'Hôtel Continental par les éditeurs de l'Édition nationale de ses œuvres. Il était fatigué depuis quelques jours ; sa famille essaya de le retenir. Il répondit : « J'ai promis » — il fallait un cas de force majeure pour qu'il ne tînt pas ses promesses. C'est la dernière fois qu'il passa en revue ses amis intimes, mêlés du reste à beaucoup d'étrangers et d'inconnus. On se levait à peine de table quand Georges vint me dire : « Mon grand père est fatigué, il s'en irait volontiers. »

Je trouvai le Maître qui causait avec la reine de la fête, Mᵐᵉ Juliette Adam. Nous partîmes presque aussitôt, lui et moi, seuls, dans une petite voiture. Hugo était sombre ; il me dit ces mots qu'il répétait du reste depuis quelques jours :

>   Triste, sourd, vieux,
>   Silencieux...

Les Champs-Elysées se déroulaient devant nous avec un aspect funèbre ; une immense voie obscure piquée des lumières des fiacres et des réverbères, un temps froid ; le poète ne parlait pas. En rentrant, il me serra la main et me dit :

— Ces fêtes ne sont pas de mon âge.

*
* *

Victor Hugo aime à nous répéter que la grandeur de la pensée est étroitement liée à la pureté de la forme, et que cette pureté est une garantie de durée pour l'œuvre.

Cette façon de penser l'a rendu un peu froid pour Alfred de Musset, prodigue qui gaspillait des trésors. « Musset a prouvé qu'il était assez poète pour donner à sa pensée une forme parfaite. C'est à dessein, un peu par paresse peut-être, qu'il a abusé de la négligence et de la fantaisie. Ses qualités de grâce, d'élégance et de jeunesse percent à travers tout. Mais il est fâcheux que cet aimable poète n'ait pas voulu être plus grand. »

Je rends à peu près la pensée de Hugo, qui met bien au-dessus de l'auteur de *Namouna* Théophile Gautier, ce ciseleur, ce lapidaire, ce poète à la fois sévère et charmant, ce prosateur admirable.

La députation de jeunes gens qui vint soutenir les intérêts de Musset et de son monument auprès du poète, a échoué. Victor Hugo, qui ne dit de mal de personne, ne les a pas troublés dans leurs croyances, mais a évité de prendre aucun engagement.

RELIGION

A cette époque, — c'était sous la Restauration, — Victor Hugo avait un directeur de conscience, auquel il se confessait fréquemment ; il s'entendait fort bien avec lui.

On sait quelle éducation monarchique et chrétienne lui avait été donnée. Pourquoi pas ? Voltaire était bien un élève des jésuites.

Victor Hugo, lui, était l'ami de son directeur ; quand j'aurai dit le nom du prêtre on ne s'étonnera pas de la sympathie qui unissait ces intelligences.

Cependant, l'enfant arrivait à cet âge où l'on réfléchit aux choses profondes, où l'on essaye de penser avec son propre esprit. Son directeur, auquel il confiait ses troubles et ses doutes, crut de voir reculer devant une discussion et lui demanda un répit :

— Accordez-moi un an, mon cher Victor, avant de rompre avec les croyances que vous avez jusqu'à présent acceptées. Si elles ne s'imposent plus comme autrefois à votre âme, restez neutre, et attendez que la crise morale par laquelle vous passez ait accompli son évolution.

Le jeune homme consentit à ce délai. L'année s'écoula ; bien des choses se passèrent.

Quand Hugo revit son directeur, ce ne fut pas celui-ci qui demanda :

— Eh bien, mon fils ?

Non, ce fut Victor Hugo qui lui prit les mains en disant :

— Eh bien, mon père ?

Car ce directeur s'appelait Lamennais et venait de divorcer d'avec l'Église.

* *
*

J'ai dit les relations de Victor Hugo et de l'abbé de Lamennais, et leur dénouement étrange. Il faut savoir comment et par qui il fut conduit chez l'abbé de Lamennais. Victor Hugo l'a raconté à mon ami Maurice Talmeyr, et Talmeyr l'a écrit. Je n'hésite pas à reproduire sa version tout à fait curieuse et charmante, bien qu'elle soit çà et là en contradiction avec ce que l'on sait ou ce que l'on croit savoir sur l'éducation religieuse reçue par Victor Hugo. Quoi qu'on doive en penser, voici ce que Maurice Talmeyr se souvient d'avoir entendu raconter par le Maître :

« Ma mère venait de mourir. Le service avait eu lieu à Saint-Sulpice, dans la chapelle de la Vierge, et j'y avais remarqué un jeune prêtre que je ne connaissais pas. Il m'avait frappé par la ferveur avec laquelle il priait et par l'extrême élégance de sa personne.

« Le soir, j'en parlai à mes frères :

« — Avez-vous vu ce jeune ecclésiastique ?

« — Oui.

« — Vous ne savez pas qui il est ?

« — Non.

« Le lendemain, nous examinions les cartes déposées chez nous, quand l'une d'elles attira notre attention. Elle portait :

« *Le Duc de Rohan-Chabot*, avec ces mots écrits au crayon : *A M. Victor Hugo*.

« Abel eut une idée :

« — C'est la carte du jeune prêtre.

« — Le duc de Rohan-Chabot ?

« — Oui, il est entré dernièrement au séminaire.

« En effet, la jeune princesse de Léon, duchesse de Rohan-Chabot, s'était, quelque temps auparavant, brûlée vive en s'habillant pour le bal, et son mari s'était fait prêtre... Je devais une visite au duc de Rohan, je me rendis à Saint-Sulpice, et je le reconnus.

« Les circonstances nous lièrent très vite ; nous étions très jeunes tous les deux ; nous portions l'un et l'autre un deuil très douloureux ; il aimait mes vers, bien des idées nous rapprochaient... Cependant, sur la question religieuse, nos sentiments différaient. Ma mère, très royaliste, était passablement voltairienne ; elle m'avait élevé en dehors de toute espèce de culte.

« Nous évitions donc les conversations religieuses, quand le duc me dit un jour :

« — Mon cher ami, vous ne pratiquez pas ?

« — Non.

« — Vous n'avez pas la foi ?

« — Non.

« — Ni croyant, ni pratiquant ?

« — Ni l'un ni l'autre.

« — C'est un grand malheur !

« Quelques jours après, il revint à la charge.

« — Mon cher Hugo, il faut vous convertir.

« — Je me figure, mon cher Rohan, que ce sera difficile.

« — Essayez.

« — Je ne réussirai pas.

« — Peut-être.

« — Vous y tenez ?

« — Beaucoup. Faites-le, je vous prie, par amitié pour moi.

« — Soit. Que faut-il faire ?

« — Pour commencer, vous irez à la messe à Saint-Sulpice...

« Le dimanche suivant, j'allai à la messe à Saint-Sulpice, et je me plaçai en face de l'autel. J'entendais les chants, l'orgue, les prières, je respirais l'odeur de l'encens, et, dans le chœur, je voyais mon ami en robe blanche, qui me voyait lui-même dans la foule, et qui me faisait de temps en temps des signes de tête pendant l'office.

« Il se passa environ trois semaines.

« — Eh bien ? me dit-il.

« — Eh bien, j'ai essayé.

« — Et vous avez réussi ?

« — Je vous l'avouerai franchement : non seulement la foi ne m'est pas venue, mais je crois que j'ai encore reculé.

« — C'est que vous ne pratiquez qu'incomplètement, mon cher ami. Il faudrait vous confesser, communier.

« — Pour cela, c'est impossible ; je n'ai pas fait ma première communion.

« — Allons donc !

« — Sérieusement.

« — Eh bien, voilà qui explique tout. Il faut la

faire, je vous en supplie. Tenez, je vais vous présenter à l'abbé Frayssinous.

« L'abbé Frayssinous, plus tard évêque d'Hermopolis, premier aumônier de Louis XVIII, comte et pair de France, était un assez gros bonhomme, bien mis quoique débraillé, hâbleur ; c'était un faiseur en matière de conscience. Il nous invita à déjeuner, et entassa devant nous tant d'inepties sur tant d'absurdités, que Rohan en était très humilié.

« — Jamais, lui dis-je en sortant de là, je ne me confesserai à cet imbécile.

« — C'est curieux, me répondit Rohan ; il m'a déclaré, de son côté, que jamais il ne vous prendrait pour pénitent.

« — Mon cher ami, lui dis-je alors, restons-en là. Plus vous me prêchez, moins je crois ! Ne me convertissez pas davantage.

« Il n'ajouta rien, mais quelques jours après, il reparaissait chez moi, et me disait en entrant :

« — Je vous emmène chez l'abbé de Lamennais !

« Par une coïncidence mystérieuse, Lamennais, à cette époque, demeurait dans cette maison de l'impasse des Feuillantines qu'avait habitée ma mère. Il y avait un perron qui la précédait, donnant sur un parc très abrité, tout plein de grands arbres et de fleurs, dans lequel je me souvenais d'avoir poursuivi, entre les pierres, ces insectes rouges qu'on appelle des bêtes du Diable, et qui ont une tête de mort sur le dos. Je reconnus le perron, les pierres, la maison. J'entrai ; j'étais très ému... Je trouvai Lamennais dans l'ancien salon de ma mère....

« Il était vêtu d'une soutane trouée, frêle, nerveux, avec un grand nez pointu, un regard de prophète, une bouche d'enfant.

« L'entrevue fut très courte. Quand il sut qui j'étais et ce que je venais chercher, il fixa sur moi ses grands yeux sombres :

« — C'est l'orgueil qui vous empêche de croire, me dit-il.

« Je lui répondis :

« — Ne confondez-vous pas l'orgueil avec la raison ? Comment y aurait-il orgueil à user de la raison libre que nous a donnée Dieu ? N'y aurait-il pas plutôt orgueil à se mettre au-dessus d'elle et à la mépriser ?

« Lamennais fronça le sourcil d'un air frappé. Il riposta :

« — C'est un sophisme.

« A peine dans la rue, Rohan m'arrêta :

« — Eh bien ?

« — Eh bien ! autant j'apprécie peu l'abbé Frayssinous, autant j'aime l'abbé de Lamennais.

« — Et lui vient de dire qu'il tenait absolument à vous prendre pour pénitent.

« Lamennais achevait alors la publication de l'*Essai sur l'indifférence.* Il avait été très incroyant quand il était jeune ; il s'était, par contre, jeté dans la religion, précisément à l'âge où on la quitte. Il était maintenant profondément, implacablement orthodoxe. Je retournai le voir, nous causions ; il me dit un jour :

« — Mettez-vous à genoux,

« — Pourquoi ?

« — Pour vous confesser !

« — Mais je ne veux pas me confesser !

« — Il le faut.

« — J'ai vingt ans, et je n'ai pas fait ma première communion.

« — A vingt-deux ans, je n'avais pas fait la mienne !

« Je finis par céder, je revins chez lui. Cependant je lui exposais mes doutes, mes idées... Le temps passa, nos relations avaient continué... Un jour, comme j'entrais, il me dit brusquement :

« — Mon cher Hugo, je suis républicain !

« Je ne l'étais pas, je fus atterré.

« — Vous, républicain ?

« — Oui, républicain, et vous, vous y viendrez !

« Et à son tour, alors, très exalté, il se confessa, et ce qu'il me dit ce jour-là, longtemps avant sa rupture avec l'Église, est une des choses les plus effrayantes que j'aie jamais entendues.

« — Je n'ai jamais cru, me dit-il, mais j'ai voulu croire! Pendant bien longtemps, j'ai souffert une affreuse torture d'esprit. D'une part, je me sentais incrédule, de l'autre, j'avais la conviction que je pourrais, en le voulant, cesser de l'être, et j'y voyais un devoir, car tous les miens étaient pieux, et je les aimais. Je croyais à une infirmité de ma conscience, à une épreuve que m'envoyait Dieu! Dès lors, j'ai passé ma vie à me combattre moi-même. Je me disais qu'à force de pratiquer je fondrais mon indifférence. A vingt-deux ans, j'ai fait ce que les enfants les plus ignorants font à douze: j'ai communié, sans croire, pensant que, peut-être, je croirais après! La foi ne m'est pas venue. Alors, voyant que pratiquer moi-même ne me guérissait pas, j'ai voulu faire croire et pratiquer les autres, et je me suis fait prêtre. Oui, je me suis condamné au supplice d'exhorter, d'officier, de prêcher, de confesser, de dire la messe, doutant toujours; mais espérant toujours, sans doute convainquant les autres et ne parvenant pas à me convaincre moi-même! J'ai écrit pour l'Église, j'ai parlé pour elle, j'ai lutté pour elle, j'y ai mis toute ma pensée, toute ma vie, toute ma flamme! Si la religion est vraie, j'ai donné des âmes à Dieu sans pouvoir lui faire accepter la mienne! Maintenant, c'est fini: je sens que je ne pourrai jamais croire! L'épreuve avec vous a été décisive. Vous ne saviez pas, lorsque vous étiez là, ce qui se passait en moi. Je ne pensais rien de ce que je vous disais, et tout ce que vous me disiez, je le pensais... Vous souvenez-vous ? Vous êtes venu chez moi, aux Feuillantines, et vous m'avez dit : « Ne confondez-vous pas l'orgueil avec la raison ? » Il m'a semblé, ce jour-là, que je recevais un coup de poing dans la poitrine. C'était ce que je pensais moi-même !... Maintenant, je le répète, je suis républicain, et vous, vous le serez aussi ! Hugo, vous m'avez connu fils de l'Église, et je vous ai connu fils de la Royauté ; nous nous retrouverons un jour enfants de la Révolution ! »

« Nous gardâmes un profond silence...

« C'était l'été, la fenêtre était grande ouverte, on avait versé du champagne, mais il y avait longtemps que nous ne pensions plus à vider nos coupes. »

*
* *

La confiance de Victor Hugo dans « l'éclair de la mort », dans l'avènement à une autre vie, est inébranlable.

« Du reste, nous dit-il un jour, il n'est pas impossible que ceux-là seuls soient immortels qui se sont crus dignes de l'être. »

Et il nous dit cette parabole :

« Le poète Dante est assis à sa table, occupé à faire des vers. Il écrit deux lignes et s'éloigne pour un instant.

« — Je suis heureux, dit le premier vers, d'être un fils de Dante. Me voilà impérissable.

« — Cela n'est pas bien sûr, répond le second vers ; j'ai des doutes, et même, à parler franchement, je n'en crois rien. Quelles preuves m'en donnez-vous ?

« — Aucune, mais je le sens.

« — Mon ami, tout cela, c'est des chimères.

« Avant que la discussion s'échauffe, le poète rentre, relit les deux vers, les juge, approuve l'un, réprouve l'autre, conserve le premier et biffe le second. »

*
* *

Dans le salon un peu sombre de la rue Drouot, 20, Mme Charles Hugo tenait un bébé sur ses genoux et le mettait en toilette de nuit : c'était l'heure de dormir.

A quelque distance, Victor Hugo, sur un sopha, faisait agenouiller la petite Jeanne, dans le plus simple appareil, et lui faisait dire sa prière.

Dans cette prière, étrangère aux liturgies connues, Jeanne demandait à Dieu la sagesse et l'obéissance, lui recommandait son père mort, son oncle François-Victor, alors bien malade, et toutes les personnes qui l'entouraient et l'aimaient. Sur mon humble demande, j'eus un mot dans la prière.

La petite Jeanne interrompait la prière par des réflexions naïves. Elle ne se souciait pas beaucoup de prier pour son frère qui lui avait donné une tape. Pourtant, son bon naturel l'emportait. Et je suis bien sûr que Dieu, pour peu qu'il fût aux écoutes, s'intéressait davantage à cette prière qu'à celles que moud la mémoire et qu'on récite sans y penser.

*
* *

Quelque temps avant les élections, Victor Hugo reçut la visite du délégué de je ne sais quelle société révolutionnaire.

La veille, on s'était fort occupé de lui dans une réunion publique, et l'on avait signalé le danger de ses tendances religieuses.

Le délégué s'est présenté assez crânement et n'y est point allé par quatre chemins.

— Citoyen Victor Hugo!

— Monsieur?

Le visiteur énumère les points de doctrine sur lesquels sa société est en désaccord avec le Maître, et ajoute :

— Je vous préviens que vous faites fausse route et que vous perdrez votre popularité à ce jeu-là.

— A quel jeu, monsieur?

— A vos histoires de l'autre monde. Êtes-vous avec nous ou avec les bondieuzards?

— Je suis avec ma conscience.

— Est-ce votre dernier mot? Il est fort possible, alors, que vous ne soyez pas nommé.

— Ce sera comme vous voudrez.

— Voyons, reprend le délégué après quelques autres arguments, il n'y a pas de milieu : il faut choisir entre nous et le bon Dieu.

— Eh bien, dit Hugo, je choisis le bon Dieu!

*
* *

Voici une lettre de consolation, écrite par Victor Hugo à une mère désespérée de la mort de son enfant :

« Consolez-vous ; ce n'est qu'un départ, et un départ pour nous. Les morts ne sont pas même absents; ils sont invisibles. Chaque fois que vous penserez à votre pauvre petit, il sera près de vous.

« VICTOR HUGO. »

Ce sont ces affirmations qui ont fait croire à

bien des gens que Victor Hugo était attaché aux doctrines spirites. Il y a fort à dire là-dessus. Ce qu'il y a de certain, c'est qu'il en blâmait l'exagération et qu'il les considérait comme très dangereuses pour les cerveaux faibles.

*
* *

Victor Hugo, comme son œuvre le prouve, est spiritualiste et croit à la fatalité. Il a écrit sous cette inspiration *Notre-Dame-de-Paris;* on trouve dans le récit suivant, que je vais essayer de dire après lui, une note superstitieuse étrange :

A cette époque, dit-il, nous vivions dans l'exil, fort retirés, insouciants des aboiements dont l'Empire nous poursuivait. On s'occupait fort de tables tournantes et de guéridons parlants. Je n'avais ni le temps ni le désir d'étudier sérieusement ces phénomènes dont on me parlait de diverses façons. Mais on s'en occupait fort autour de moi, et nous avions des amis qui entraient en conversation réglée avec nos meubles, qui ne manquaient pas d'intelligence.

Un soir, Mᵐᵉ Victor Hugo pria notre fils Charles, qui passait pour avoir beaucoup de fluide, d'interroger avec elle une petite table d'acajou. Charles s'en défendit sous divers prétextes, s'excusa, et ma femme appela sa femme de chambre, une fille du pays. C'était une petite paysanne de douze ans environ, orpheline, abandonnée, que nous avions recueillie, et qui était d'un naturel silencieux et farouche. Mme Victor Hugo la fit venir auprès du guéridon, pendant que je continuais à travailler à quelque distance.

La table était en humeur de causer; ma femme, encouragée par sa bonne volonté, me pria de lui poser une question.

— Demandez-lui d'abord si elle me répondra, dis-je.

— Oui, fit la table résolument.

— Eh bien, voici ma question : quelle est la fonction de l'homme sur la terre?

Plusieurs amis étaient entrés.

— Pour une question, c'est une jolie question, dit l'un d'eux.

— Qu'en pense la table? dit Charles; la question lui convient-elle?

— Oui, dit le meuble.

Et, se prenant à frémir, il frappa cinq coups, ce qui, par le numérotage convenu des lettres, représentait l'E. Puis quatre coups donnèrent un D, et cinq, un nouvel E.

Jusque-là, cela ne voulait pas dire grand'chose, E D E. On poursuivit; le guéridon indiqua successivement les lettres I, O, R, A. Cela faisait EDEIORA,

mot qui nous parut d'abord incompréhensible.
— Est-ce la réponse à la question? demanda-t-on à la table.
— Oui.
— Mais ce n'est pas un mot français.
— Non.
— Est-ce un mot latin?
— Non.
— Plusieurs mots latins?
— Oui.
En effet, le mot se décomposait ainsi :

EDE I ORA

C'est-à-dire :

MANGE, MARCHE, PRIE.

On peut lire aujourd'hui ces mots gravés sur une des portes de Hauteville-House.

Le récit précédent, fait avec un art qui nous manque, produisait toujours un grand effet sur les auditeurs. On ne pouvait mettre en doute la véracité et la sincérité de Victor Hugo, qui n'aimait pas qu'on approfondît ce sujet. J'essayai un jour un commencement d'explication, qui fut mal reçu. Un peu désorienté, je demandai :

— Eh bien, cher maître, que faut-il en penser?
— Ce que vous voudrez, répondit-il, presque brusquement.

* *
*

La seule superstition avouée par Victor Hugo est celle qui ne lui permet pas de réunir treize personnes à sa table, lui compris. Il ne discute pas la question ; il raconte une foule de cas et de circonstances dans lesquels le nombre treize lui a été fatal, ainsi qu'à ses fils. Comme il est très facile d'être à table douze ou quatorze, il est de règle de ne point s'asseoir treize à ses dîners.

Quand, à l'improviste, par un cas fortuit, le chiffre malencontreux est atteint, on fait dîner les enfants à une petite table, ce qui ne les amuse pas toujours.

Nous étions douze hier (janvier 1879), quand un monsieur est arrivé de Russie, tout exprès pour serrer la main de Victor Hugo. J'ai pris mon chapeau et je lui ai cédé ma place.

Cela n'a pas empêché le malheur d'arriver. La petite Jeanne, en s'approchant trop près du feu, a été atteinte par les flammes qui ont brûlé sa robe. Cela a mis la maison en révolution. On a caché l'accident au grand-père qui la croit simplement enrhumée.

L'accident est peu grave du reste ; le Maître va la voir plusieurs fois par jour.

— Mais tu ne tousses pas? dit-il.

— Oh! ne crains rien, dit l'enfant qui est du complot; c'est parce que tu es là; je tousserai dès que tu seras parti.

*
* *

Des êtres épars vivent autour de nous, nous suivent, nous guettent, dans l'atmosphère lumineuse. On ne les voit pas. N'importe, ils existent. Il y a des bestioles marines si diaphanes, si pareilles à l'onde elle-même, que, si on les met dans un verre d'eau, on ne les distingue pas de l'eau. Elles existent, cependant.

*
* *

On s'est occupé des animaux de la Bible pour en dire des choses peu orthodoxes. Une belle dame de passage, assise ce soir-là à la table du Maître, a protesté par son silence contre ces discours impies.

On s'inquiétait de la route que Jonas pouvait avoir suivie dans sa baleine, et de l'accent que pouvait avoir l'ânesse de Balaam — car il ne suffit pas qu'un âne parle, il faut savoir comment, — quand la conversation dévia et tomba sur

Josué et sur la difficulté qu'il avait dû éprouver à arrêter le soleil.

Je racontai que mon savant ami Félix de Saulcy, en faisant son voyage circulaire autour de la mer Morte, avait retrouvé la pierre sur laquelle était monté le général hébreu pour parler à l'astre du jour. Mais pourquoi cette pierre que le texte mentionne de la manière la plus précise ?

— Eh! mais, nous dit le Maître en riant, c'était pour parler au soleil de plus près !

*
* *

Le général Hugo était anticlérical, comme la plupart des soldats de l'Empire; mais c'était une grande âme, pleine de tendresses ineffables et prédisposée à tous les enthousiasmes. Victor Hugo nous raconta là-dessus une anecdote curieuse.

Le général était alors en Espagne avec Lahorie. Ils passent devant une église où l'on célébrait je ne sais quelle cérémonie. Ils entrent — pour voir. La nef était pleine d'encens et de lumières; des prêtres en costumes dorés officiaient et circulaient devant l'autel; le soleil, frappant les vitraux coloriés, jetait dans la pénombre des clartés mystérieuses; des voix grêles répondaient aux voix de basse et se mêlaient aux mugissements de l'orgue ; au dehors les cloches sonnaient à toute volée, assourdissantes. C'était une de ces fêtes carillonnées que le catholicisme s'entend si bien à organiser et où la foi naît du spectacle. Il y avait quelques minutes que les deux soldats étaient entrés, et ce tumulte pieux, cette atmosphère chargée de parfums, ces voix célestes commençaient à les troubler.

— Allons-nous-en, dit Hugo à Lahorie; ces bougres-là finiraient par m'empoigner.

*
* *

Le général était moins facile à séduire, quand la consigne ou le devoir étaient en cause. Il le montra rudement à Tolède, où il eut un différend assez grave avec le cardinal-archevêque.

Il faut dire que le roi Joseph, que Napoléon voulait imposer à l'Espagne, était fort impopulaire, et que les vœux des populations, appuyées par le clergé, étaient presque tous pour Ferdinand VII.

Le cardinal, n'osant faire une opposition ouverte au gouvernement établi, témoignait de son antagonisme par des roueries ecclésiastiques, et rognait ses prières, de façon à ne point recommander à Dieu le roi Joseph, qu'il aurait voulu envoyer au diable.

Il chantait à la messe un *Domine, salvum fac regem* impersonnel, dans lequel il avait soin d'omettre le nom du souverain. Le général Hugo, gouverneur de la province, n'était pas très « ferré » sur la messe; mais on le mit au courant de cette taquinerie cléricale, de façon à lui échauffer les oreilles. Il se rend à son banc d'honneur à la première messe solennelle. Tout va bien d'abord; suivant l'usage, on lui rend les honneurs accoutumés. Mais les coups d'encensoir qu'on lui adresse manquent de conviction. Au *Domine, salvum fac regem*, il s'émeut de l'accroc fait à la liturgie, et interpellant le cardinal :

— Nom de D...! s'écrie-t-il d'une voix tonnante, je crois que vous vous f.... de nous! Est-ce que ça vous écorcherait la langue d'ajouter Joseph, s'il vous plaît?

Le cardinal faillit tomber en pâmoison. Mais comment raisonner avec des traîneurs de sabre? L'officiant s'inclina et reprit à toute voix : *Domine, salvum fac nostrum regem Josephum!*... et la suite.

— A la bonne heure! fit le général, et ne l'oubliez plus à l'avenir !

**
* **

La politesse de Victor Hugo avec les ecclésiastiques qu'il ne peut éviter de rencontrer est excessive.

Il a, pour ces ennemis de la libre pensée dont il est le grand prêtre, ces égards qui coûtèrent si cher aux premières lignes de nos troupes à la bataille de Fontenoy.

— Messieurs les Anglais, tirez les premiers !...

Il est vrai qu'il est sûr de gagner la bataille. Et puis son enfance a été cousue à la robe de l'abbé de la Rivière. Quand il ouvrait ses salons de la place Royale, on y voyait de temps en temps des soutanes, entre autres celle du cardinal Donnet, archevêque de Bordeaux, et du curé de Saint-Paul, l'abbé Levée. Ce dernier avait un renom de libéralisme et fut un grand bénisseur d'arbres de la Liberté, en 1848. D'ailleurs, on ne passait guère par le salon du poète sans en emporter quelque chose dans l'esprit ou dans les poches, chose tentante pour les personnes du clergé.

Or, Mlle Adèle Hugo venait de faire sa première communion, et cela coïncidait avec l'envoi de deux superbes coquillages offerts par un admirateur au poète.

Celui-ci les plaça dans sa salle à manger où le curé Levée venait dîner quelquefois. A sa première visite, l'abbé se montra enthousiasmé des coquillages.

— On en ferait, dit-il, d'admirables bénitiers !

— Monsieur le curé, répondit Victor Hugo, faites-moi le plaisir de les accepter pour votre paroisse.

L'abbé se confondit en remerciements. Quelques jours après, les coquillages étaient scellés à un pilier de l'église Saint-Paul, avec cette inscription sur des plaques de cuivre :

« Donnés par le vicomte Hugo, pair de France, à
« l'occasion de la première communion de sa fille
« Adèle. »

En 1851, l'inscription parut attenter à la gloire du coup d'État et à la majesté de l'Empire. Elle disparut.

*
* *

François-Victor Hugo est mort. En présence de ce deuil, le poète s'est élevé au-dessus des régions matérielles. Jamais paroles plus saisissantes et plus sublimes ne furent dites. Je rentre chez moi. Je m'efforce de me souvenir. Mais comment résumer cette philosophie serrée, concise, si magnifiquement humaine — et divine ! Comment reproduire ce parfait et merveilleux langage qui élève l'âme et lui donne la conviction de son origine et de ses droits célestes? Hugo n'est pas seulement religieux, il est illuminé quand il aborde ces questions. Il ne raisonne pas Dieu : il le voit, il le sent. C'est la foi du charbonnier dans un homme de génie. « Dieu ne peut pas être autre chose que la bonté en haut de la vie et la clarté en haut du ciel. On ne peut pas plus le nier qu'on ne peut nier l'infini. La vie universelle, c'est lui ; le ciel universel, c'est lui. L'homme ne peut que bégayer à jamais son essai de le comprendre. »

Hier, il nous a permis de lire cette page dont l'encre n'était pas sèche encore :

« Un jour, bientôt peut-être, l'heure qui a sonné pour le fils sonnera pour le père. La journée du travailleur sera finie, son tour sera venu... Alors, pour cette âme, les disparus reparaissent, et les vrais vivants, que dans l'ombre terrestre on appelle les trépassés, emplissent l'horizon ignoré, se pressent, rayonnants, dans une profondeur de nuit et d'aurore, appellent doucement le nouveau venu et se penchent sur sa face éblouie avec ce beau sourire qu'on a dans les étoiles. Ainsi s'en va le travailleur chargé d'années, laissant, s'il a bien agi, quelques regrets derrière lui, suivi jusqu'au bord du tombeau par des yeux mouillés peut-être et par de graves fronts découverts, et en même temps reçu avec joie dans la clarté éternelle ; et si vous n'êtes pas du deuil ici-bas, vous serez là-haut de la fête, ô mes bien-aimés ! »

*
* *

Quand Victor Hugo, devant sa grande cheminée ornée d'un devant d'autel du xv⁰ siècle, nous disait, avec sa physionomie calme et sereine : — A la volonté de Dieu! je partirai quand il voudra! il ne se doutait guère que ses dernières paroles et ses dernières volontés, si clairement exprimées, laisseraient un passage aux doutes et aux calomnies cléricales.

Il est mort dans sa foi souriante, dans ses convictions absolues de déiste, que rien ne pouvait entamer. Il se préparait depuis trop longtemps au grand passage pour en être effrayé. La mort lui est arrivée, accompagnée de souffrances, mais non de terreurs. Pourquoi aurait-il accueilli un prêtre à son chevet, sinon pour le bénir, comme le proscrit des *Misérables?*

La volonté et l'autorité du poète étaient, parmi les personnes de sa famille et de son entourage, l'objet d'un respect religieux; on eût compris un signe s'il l'avait fait, et l'on eût obéi. Mais il faut l'avoir bien peu connu pour croire que son esprit, si ferme, ait pu céder à des défaillances. Il est mort, les regards fixés sur l'énigme dont les détails seuls lui étaient inconnus ; il attendait la lumière ; il était sûr de la voir, et le dernier vers qui s'est échappé de ses lèvres l'a confirmé :

C'est ici le combat du jour et de la nuit !

La nuit, c'est-à-dire l'alcôve sombre, la vie qui s'éteint, les larmes qui tombent, les sanglots qui vous accompagnent, les remèdes, les médecins, les amis éplorés, le silence de la chambre d'agonie, les lumières qui veillent, les prières qu'on murmure, si bien que l'homme s'écrie et proteste :

— C'est bien long, la mort !

Mais pendant la lutte, l'âme entrevoit la lumière et déploie ses ailes engourdies.

Nous nous souvenions, pendant ces heures cruelles, de la profession de foi du Maître et de ses luttes théologiques contre Kesler autrefois et plus récemment contre Victor Schœlcher, immuable en son sincère athéisme.

« Les prêtres, disait-il, ne sont mes ennemis que parce qu'ils sentent que je crois plus juste et plus sincèrement qu'eux. Il en est de bonne foi, et je les plains : car je comprends la lutte qu'ils ont à soutenir contre le doute, à propos du dogme qui leur impose des croyances ridicules. Ils en sont réduits à abaisser leur raison devant ce qu'ils appellent des mystères et à se justifier par ce cri désespéré : Je crois, parce que cela est absurde ! Et ils croient être agréables à Dieu en lui sacrifiant leurs plus nobles facultés et ce droit d'examen inséparable de la conscience humaine. »

TABLE DES MATIÈRES

	Pages.
Les Enfants.	1
Choses d'autrefois.	43
La Maison.	81
En voyage.	117
Autour de l'Œuvre	157
Le Théatre.	191
L'Artiste.	217
La Musique.	229
L'Académie.	237
En exil.	249
Pendant le Siège.	261
Charité.	267
Paroles diverses.	275
Religion.	317

www.ingramcontent.com/pod-product-compliance
Lightning Source LLC
Chambersburg PA
CBHW060335170426
43202CB00014B/2786